Comme un écrivain indépendant

Le salon du livre de Paris 2013 : sans moi !

Du même auteur*

Romans

Le Roman de la Révolution Numérique
La Faute à Souchon : (Le roman du show-biz et de la sagesse)
Quand les familles sans toit sont entrées dans les maisons fermées
Liberté j'ignorais tant de Toi (Libertés d'avant l'an 2000)
Viré, viré, viré, même viré du Rmi !
Ils ne sont pas intervenus (Peut-être un roman autobiographique)

Théâtre

Neuf femmes et la star
Les secrets de maître Pierre, notaire de campagne
Ça magouille aux assurances
Chanteur, écrivain : même cirque
Deux sœurs et un contrôle fiscal
Amour, sud et chansons
Pourquoi est-il venu :
Aventures d'écrivains régionaux
Avant les élections présidentielles
Scènes de campagne, scènes du Quercy
Blaise Pascal serait webmaster
Trois femmes et un Amour
J'avais 25 ans
« Révélations » sur « les apparitions d'Astaffort » Brel Cabrel

Théâtre pour troupes d'enfants

La fille aux 200 doudous
Les filles en profitent
Révélations sur la disparition du père Noël
Le lion l'autruche et le renard,
Mertilou prépare l'été
Nous n'irons plus au restaurant

* Stéphane Ternoise, extrait du catalogue, voir page 98

Stéphane Ternoise

Le salon du livre de Paris 2013 : sans moi !

Sortie : 20 mars 2013 (jour du printemps)

**Disponible en papier en mars 2014.
Avec juste une remarque : contrairement à 2013,
Amazon participera...**

Jean-Luc Petit éditions - Collection Opinions

Stéphane Ternoise versant essayiste :

http://www.**essayiste**.net

Tout simplement et logiquement !...

Tous droits de traduction, de reproduction, d'utilisation, d'interprétation et d'adaptation réservés pour tous pays, pour toutes planètes, pour tous univers.

Site officiel : http://www.ecrivain.pro

© **Jean-Luc PETIT - BP 17**
46800 Montcuq − France

Stéphane Ternoise

Le salon du livre de Paris 2013 : sans moi !

L'absence d'Amazon se remarquera, la mienne non. Normalement. Logiquement. Sauf si ce livre numérique parvient à capter l'attention. Un billet de loterie littéraire, presque au sens Stendhalien.

François Hollande l'inaugurera (en présence du Premier ministre roumain, Victor Ponta ?). Aurélie Filippetti, ministre de la Culture et du reste, y annoncera un plan d'aide à la librairie. Sous les applaudissements des éditeurs parfois les meilleurs amis des libraires.

Le patron de ce salon, le "*Syndicat national de l'édition* (SNE)" se félicitera de l'accord (nouvelle modification prévue du *Code de la Propriété Intellectuelle* et du *Code des usages*...) au sujet du livre numérique avec "*le Conseil permanent des écrivains* (CPE)", organisme affirmé représentatif... des auteurs en contrats avec des éditeurs membres du SNE... mais même avec cette restriction, quelle crédibilité lui accorder à la lecture des membres actifs : Sacem, Société des gens de lettres de France, Snac, Sacd...

La grande question pour de nombreux auteurs en ce début 2013 se limita à leur accréditation. Une telle fête ne se rate pas ! Toujours l'occasion de rencontrer des gens importants ! Vite, une invitation, un badge professionnel. Il existe donc un document sans case auteur ? Oh ! Naturellement, rassurez-vous, chers écrivains, le salon existe grâce à vous, pour vous, la preuve : il fut créé par ce SNE, c'est bien la preuve indubitable que vous êtes essentiels ! Même si c'est l'éditeur qui fait la littérature et l'auteur les dédicaces. Mais il y aurait eu des abus, des accréditations revendues, donc, depuis 2012, la société organisatrice se devait d'éviter cette dérive... de faire payer ceux qui ne sont pas là pour bosser bénévolement !
Mais rassurez-vous, les membres des "organisations représentatives" et les auteurs qui pourront présenter une lettre de leur éditeur, passeront sans problème... Signez un contrat, payez votre cotisation, et arborez un beau badge !

A la "*dixième édition des Assises du livre numérique*", naturellement organisée par le SNE, j'aurais pourtant été le contradicteur idéal ! Mais un "débat", dans ce cadre, semble devoir être circonscrit aux gens qui pensent (presque) la même chose ! Débat n'est pourtant pas synonyme de propagande. Mais il s'agit de tables rondes ! D'où ce livre numérique, ces positions sûrement inacceptables dans notre France de l'exception culturelle... à condition qu'elle profite aux installés !... avec quelques "amis utiles" ravis des miettes parfois énormes.

Une vraie révolution numérique est possible mais je cherche une solution pour rester en France, faute de revenus suffisants pour pouvoir continuer à y vivre, même sous le seuil de pauvreté... Comme bien d'autres écrivains qui préfèrent le plus souvent opter pour une activité annexe guère réjouissante mais plus lucrative... en attendant la retraite, ou le miracle...

Un écrivain face à l'oligarchie... Ce monde du salon du livre de Paris n'est pas le mien : je suis écrivain, indépendant. A la campagne. Explications.

Le salon du livre de Paris est-il un instantané de l'édition ou la vision du SNE de l'édition ? SNE, Syndicat Nation de l'Edition, une dénomination inexacte, selon moi, qui y voit un Syndicat des éditeurs traditionnels où peuvent réussir à adhérer ceux qui pratiquent le compte d'auteur « *qui ne rentre pas dans le champ d'activité statutaire du Syndicat* ». Mais sans trace, à ma connaissance, de travailleurs indépendants, la profession libérale auteur-éditeur, la mienne. Un salon syndical donc. Ce qui est naturellement honorable mais ne peut prétendre représenter le spectre complet de la diversité éditoriale. Et ne mérite peut-être pas la présence de 2000 travailleurs bénévoles (les écrivains).

Stéphane Ternoise
www.utopie.pro

Que savez-vous de moi ? Presque rien !

Cinq romans. Sûrement pas les plus mauvais des romans ! Des essais. Des opinions. Des pièces de théâtre. Des textes de chansons. Et même la création de jeux de société. Je n'ai pas l'impression de m'être tourné les pouces depuis ma sortie du salariat en 1993.

Mais qui le sait ? Par ironie positive : oui, il est donc possible de tenir deux décennies sans média !
Quel est donc le rôle culturel des médias dans notre société ? Quand un grand quotidien régional repère et encense le talent (sûrement exceptionnel) de Sylvia Pinel bien avant son élection comme député et ne voit aucune de mes créations, faut-il le féliciter, l'acheter ?

Deux décennies. Parfois, je me demande comment j'ai tenu ! J'oublie souvent des étapes...
Microsoft m'a ainsi acheté le droit d'utiliser mes premières publications pour "*apprendre le Français à ses logiciels de prochaine génération.*" Je viens d'en retrouver trace en relisant un webzine ! C'était au début des années 2000. Il y eut ainsi des rentrées d'argent, insuffisantes mais nécessaires et finalement providentielles pour tenir !

La volonté de ne surtout pas retourner "à

l'usine", dans un bureau, me maintient en tenue mentale de combat, une formidable motivation. Je connais, j'ai connu. Je l'ai raconté. Je pense par exemple à *"j'avais 25 ans."* Donc : vivre de peu !

Pourquoi ce livre ? Pour me faire remarquer ! Lectrices, lecteurs, mon catalogue me semble d'une qualité "parfois" supérieure à celui d'auteurs subventionnés, ces admissibles aux subventions car inféodés à l'industrie (le terme industrie fut utilisé par Aurélie F. donc ne devrait choquer personne).

Au-delà des informations sur le salon du livre de Paris, le Syndicat des Editeurs, Aurélie Filippetti, les librairies (la distribution des livres), les bourses, les lois anti indépendants, il s'agit bien, pour moi, d'une occasion de vous donner l'envie de me lire. Si en plus vous consacrez un peu de temps à me présenter sur vos blogs, réseaux sociaux, à vos amis... l'impossible défi de rester en France pourrait se réaliser...
http://www.utopie.pro vous permet une première approche, entre romans, essais, pièces de théâtre, guides, photos...

Amazon, l'absence symbolique

En 2012, j'étais naturellement déjà absent de ce salon ! Mais Amazon s'y déballa de manière ostensible, un stand de 80 m².
Certes il ne s'agit pas d'une surface record. Cette année, par exemple, « LE LIVRE DE POCHE », pour ses 60 ans, est annoncé "*sur près de 180m²*" avec "*10 grandes affiches*", mais également "*1200 visuels de couverture.*" Avec des « *témoignages vidéo de personnalités* » : "*Katherine Pancol, Erik Orsenna, Christian Lacroix et bien d'autres.*" Mais il est intéressant de noter que ceux-là sont spécifiés !
Le Livre de Poche fut créé en 1953 par Henri Filipacchi mais il s'agit d'une filiale d'Hachette... depuis 1954. Donc une maison Lagardère, soyons clairs !

Le président qui remplaça monsieur Antoine à la tête du grand Syndicat, semble regretter cette absence, et sa formule me donna l'impression de pouvoir déranger, presque choquer (certes pas moi), après quelques années où le couple éditeurs traditionnels (ce qu'il en reste) libraires traditionnels (ce qu'il en reste) s'annonçait ressoudé.
Et j'ai effectivement déniché une colère, chez Stéphane Émond, président de l'association des librairies indépendants "*Initiales*", dans un communiqué débutant par « *C'est un secret*

de Polichinelle, éditeurs et diffuseurs, les uns et les autres, les uns ou les autres, consentent à Amazon des remises commerciales a minima de 40 % allant certainement jusqu'à 50 % (...) À cette vérité inavouée que nous tendons tel un miroir déformant à nos interlocuteurs (représentants, chef des ventes, directeurs commerciaux), il nous est répondu la main sur le cœur que c'est faux, qu'au grand jamais cela ne sera et que ce grand marchand de livres en entrepôt bénéficie des mêmes conditions commerciales que les librairies indépendantes. » Il arrivait ainsi à l'actualité : « La récente déclaration sans ambages du président du S.N.E, M. Vincent Montagne, lors de la présentation du Salon du livre 2013, est à ce titre instructive. Regrettant l'absence du géant de la vente en ligne pour l'édition 2013, celui-ci a déclaré : "Amazon n'est pas simplement un opérateur dans le monde numérique mais surtout un libraire". Nous espérons que cette remarque n'engage que lui mais nous n'y croyons guère. Cette délicate sortie en dit long sur la fracture désormais consommée entre l'édition et la librairie indépendante. Mais ce monsieur se berce d'illusions s'il pense qu'il va pouvoir garder sa place, celle d'éditeur et celle de sa filière. Jeff Bezos l'a dit "les seules personnes nécessaires dans l'édition sont l'écrivain et le lecteur". Si le libraire disparaît, la mort de l'éditeur suivra. »

http://www.initiales.org/Communique-des-libraires-Initiales.html

(Ah s'il pouvait dire vrai dans sa conclusion, malheureusement je pense qu'il se trompe : le libraire "traditionnel" disparaîtra tout simplement car il n'est pas adapté à la vente de livre ! Assertion scandaleuse, je sais ! Argumentée donc : une librairie, c'est un endroit où se rend l'acheteur mais cet espace physique ne peut posséder en stock qu'un nombre dérisoire de livres... et si nous comprenons tous qu'un libraire accepte de commander et sera livré "rapidement"... le client devra repasser, il ne reçoit pas le livre à domicile... quand on veut faire se déplacer un client il faut posséder en rayon tout ce qu'il veut acheter ! Ce qui est adapté au livre, c'est la vente par Internet où l'acheteur reçoit le livre immédiatement en numérique ou par la poste en envoi sécurisé, suivi...)

Des métiers disparaissent tout simplement car ils ne correspondent plus aux souhaits des consommateurs. Plutôt que de s'en prendre à Amazon (qui conserve 30% de la vente de mes ebooks qui lui sont distribués par Immateriel, qui gère les flux contre une marge de 10%, soit 40% de remise effective éditeur), de lui dénier la qualité de libraire, ce monsieur devrait s'interroger sur ses pratiques, comme d'avoir accepté durant des décennies de travail avec des distributeurs par lesquels les auteurs indépendants ne pouvaient passer.

Vincent Montagne aurait même écrit, selon le site ActuaLitté, au président d'Amazon France à ce sujet : « *C'est aussi en habituant les différents acteurs, les éditeurs, à votre présence que vous vous ferez accepter d'eux de plus en plus.* » Ce qui ne sera pas forcément plus apprécié par le petit monde de la librairie ! N'ayez pourtant aucun doute, chers libraires, comme les grandes maisons ont préféré travailler avec les grandes chaînes de distribution plutôt qu'avec les "'petits indépendants", elles préfèrent travailler avec les mastodontes du net ! Même si, en danger "à cause de l'auto-édition" elles cherchent des partenaires ! Libraires, à monter sur le même bateau que les grands groupes de l'édition, vous perdez toujours à long terme ! Ces phrases du patron du salon ont le grand mérite d'exprimer tout haut une évidence, même si les libraires seront fraternellement rassurés par des poignées de mains et de grands sourires : travailler avec Amazon est normal, peu importe si en même temps des libraires luttent pour garder le marché ! La "bonne petite librairie indispensable", c'est certes un bon slogan pour obtenir des subventions, mais c'est complètement dépassé, un créneau voué à disparaître. La librairie doit choisir entre s'ouvrir au numérique ou disparaître ! Tout simplement ! Mais vous préférez vous bercer d'illusions ! Pendant ce temps-là, des éditeurs verrouillent les contrats avec les auteurs car il est bien là, pour eux, le danger, dans la fuite des écrivains vers l'indépendance. S'afficher avec vous, c'est simplement pouvoir prétendre "nous sommes une grande famille."

Romain Voog, le président d'Amazon France, ne serait pas responsable de cette décision, qui viendrait de tout en haut, des Etats-Unis. Il est vrai que tout écrivain aurait dû être choqué par les propos d'Aurélie Filippetti, son accusation, le 9 janvier 2013, de la « *concurrence déloyale* » d'Amazon pour expliquer le dépôt de bilan de VirginMegaStore (de nombreux anciens disquaires ont pourtant considéré leur disparition comme une conséquence du développement des grands groupes avec lesquels nos majors préféraient travailler et ont souvent accusé les politiques de les avoir laissés crever). VirginMegaStore travaillait avec les éditeurs vraiment indépendants ?

Après le reportage à la télévision allemande sur des conditions de travail chez Amazon, l'intervention tricolore peut avoir été la goutte d'attaque qui a brisé le pot des investissements non rentables...

Si l'an passé, la présence d'Amazon s'inscrivait dans la logique du lancement du Kindle, en 2013 la force de frappe du cybermarchand dans le secteur numérique, son contact direct et permanent avec les éditeurs (dont les indépendants) et le grand public, n'avait probablement pas besoin d'un supplément Salon du livre de Paris...

Salon du livre de Paris, ce qu'il faut savoir

Le salon du livre de Paris, en cette année sans élections essentielles (sauf naturellement celles de la sacem ! voir www.candidat.info), c'est du vendredi 22 au lundi 25 mars 2013. Donc madame la ministre ne devrait pas être concurrencée dans son rôle de vedette, après le départ du chef de l'Etat. Peut-être même s'installera-t-elle quelques instants au stand *Lagardère* (maison *Stocks*) pour y dédicacer ses oeuvres, certes déjà un peu anciennes, mais dont de nouveaux exemplaires semblent récemment sortis des presses !

Il fut créé en 1981, une idée, enfin une « *initiative* » (il est noté « *initiative* » sur leur site donc effectivement l'idée est peut-être venue d'ailleurs, n'oublions pas qu'en 1981, selon la conception de Jack Lang, la culture est passée de l'ombre à la lumière et le patron de la sacem redoutait une nationalisation) du SNE, qui en a confié l'organisation à *Reed Expositions France* (une filiale de *Reed Exhibition* qui semble spécialisée dans ce domaine).
Ainsi, le Président du Salon est, « *depuis l'origine* », un homme, celui qui porte la casquette de Président du Syndicat des éditeurs traditionnels.
D'abord organisé au Grand Palais, ce Salon se

déroule depuis 1993 à Paris-Expo, Porte de Versailles.

Page http://www.salondulivreparis.com/Contacts.htm la phase officielle : « *Le Salon du livre de Paris organisé par Reed Expositions France sous l'égide du Syndicat national de l'édition.* »

Le salon du livre de Paris est une réussite indéniable en termes de fréquentation. Il semblerait néanmoins nécessaire de relativiser les chiffres ! Comment cela ?

L'année dernière, du 16 au 19 mars 2012, 190 000 visiteurs sont notés sur le site de ce salon. Les *Lettres japonaises*, en invitées d'honneur et Moscou, ville invitée.
Peut-être que le nom de Montcuq y fut prononcé mais je nie toute responsabilité !

Pour les *Lettres nordiques* invitées d'honneur et *Buenos-Aires* en ville, et le reste naturellement, du 18 au 21 mars 2011 : 180 000 visiteurs.

Je ne m'y fais toujours pas à ce « *ville invitée* » alors que des écrivains français sont évités ! Ils vont chercher ailleurs ce qu'ils ne veulent pas voir près de chez eux. Zut, j'oubliais déjà que ces conviés ne se fourvoient sûrement pas dans l'indépendance !

2010 : 190 000 visiteurs.

2009 : 198 150 visiteurs.

Le record semble avoir été atteint en l'an 2000, du 17 au 22 mars, avec 241 000 visiteurs. Le Portugal y figurait au rang d'invité d'honneur. L'année suivante, du 16 au 21 mars, ce fut quand même 235 000.

On peut donc conclure que depuis l'époque faste, la fréquentation a diminué de plus de 20%. Certes, il ne nous a pas échappé la compression de 6 à 4 jours.

Alors, mon histoire de relativiser ?

Un article sérieux, car du *Monde*, un des ces quotidiens pour lesquels les indépendants n'existent pas, de 2010, qui plus est signé Alain Beuve-Méry (petit-fils du fondateur, Hubert) et Christine Rousseau (peut-être descendante de Jean-Jacques):
« *une baisse de 8 % par rapport à 2009, soit un total d'environ 190 000 entrées, dont un cinquième payantes.* »
Donc ce chiffre proche de 200 000 entrées avec lequel on nous fait croire qu'il s'agit d'une fréquentation exceptionnelle, s'obtient surtout avec les "professionnels", les écoles et les étudiants ! Mais pourquoi cette absence de distinction régulière entrées gratuites, entrées payantes ?

40 000 entrées payantes, c'est naturellement déjà énorme... Et peu quand on compare avec le nombre d'écrivains présents, environ 2 000 annoncés cette année, soit 20 visiteurs payants par dédicaceur, 5 par jour ! Vu ainsi, un bide comparable à un salon de campagne. Mais tout ce monde espère tirer un gros lot, genre un article dans un journal ou sympathiser avec une sommité...

Pour le "GRAND PUBLIC", l'entrée sera de 10 euros.
Les plus de 65 ans peuvent bénéficier d'une entrée gratuite lundi 25 mars, l'après-midi (13 à 19 heures). Certes, c'est le dernier jour et il serait étonnant d'y croiser encore les vedettes donc les passionnés de littérature devraient préférer.
Entrée gratuite chaque jour pour les moins de 18 ans. Et pour les étudiants de moins de 26 ans (avec pré-inscription en ligne et présentation de la carte étudiant obligatoires)

Un salon naturellement très ouvert, tourné vers l'international : alors que les écrivains indépendants n'ont naturellement aucun moyen réel d'y vendre leurs livres, les *Lettres roumaines* sont les invitées d'honneur et Barcelone, la Ville invitée.

Ce qui signifie donc que des auteurs espagnols et roumains vont obtenir quelques heures de

divertissement parisien sur le dos du budget disons communication. Je sais, ils n'utiliseraient pas ce terme, blabla culture, blabla Europe...
En 2011 ce fut Après Buenos Aires et en 2012 Moscou. Mondial !
J'ignore si Barcelone fut retenue pour une question de frais.
Vingt-trois auteurs spécifiés « *de tout premier ordre* » attendus :

Des auteurs qui écrivent en langue catalane :
- Quatre femmes : Imma Monsó et Carme Riera romancières, Maite Carranza en jeunesse et Mercè Ibarz en "document."
- Dix hommes : les romanciers Sebastià Alzamora, Jaume Cabré, Salvador Macip, Miquel de Palol, Sergi Pàmies, Marc Pastor, Jordi Puntí, Albert Sánchez Piñol ; Gabriel Janer Manila "jeunesse" et Francesc Serés "nouvelles."

Pour la langue castillane :
- Mesdames Alicia Giménez Bartlett, roman policier et Berta Marsé, nouvelles.
- Messieurs Javier Calvo, Javier Cercas, Eduardo Mendoza les romanciers et Juan Goytisolo, "essai."

Des illustrateurs pour lesquels la langue catalane ou castillane n'est pas précisée (je sais bien que le dessin n'a pas de langue mais

ces messieurs pourraient illustrer uniquement certains livres, non, ça ne se fait pas, monsieur G. ?)
M. Arnal Ballester Jeunesse
M. Jordi Bernet Bande dessinée
M. Miguel Gallardo Bande dessinée
M. Rubén Pellejero Bande dessinée.

En fait sur leur site, c'est à la manière des illustrateurs que sont présentés les conviés. Mais j'ai naturellement préféré éviter le simple copier coller. Je vous le précise car sous ces trois rubriques, figure :

« les auteurs classiques disparus auxquels le salon rendra hommage :
Mme Maria-Mercè Marçal
M. Joanot Martorell
M. Manuel Vázquez Montalbán
Mme Mercè Rodoreda
M. Josep Pla »
Les morts sont des écrivains parfaits pour ce genre de cérémonie ! Ni billets d'avion ni vomis sur les livres suite à un excès d'apéritif, vin rouge, champagne. Parfait.

Participer coûte combien en 2013 ?

Je me suis basé sur le document "demande de participation" (prix en euros HT)

Il existe d'abord des Frais obligatoires (A) : les frais d'inscription à 217 + le

référencement sur l'Annuaire en ligne avec Catalogue-Plan à 332. Auxquels s'ajoute le même montant multiplié par le nombre de sociétés représentées sur l'espace.
Pour ceux qui penseraient rayer l'inscription sur leur site internet, le sous-total est pré-rempli :
SOUS-TOTAL A1+A2 = 549.
SOUS-TOTAL A3 nombre * 332 = 332 (prenons le cas d'un éditeur !)

Ce qui fait déjà 881, sans aucun endroit pour s'installer. Il faut pour cela choisir, selon son standing, dans la partie B.

B. VOTRE ESPACE : FRAIS PROPORTIONNELS À LA VISIBILITÉ SOUHAITÉE

- Espace NU, 16 m² minimum

En cas de réservation avant le 10 août 2012 une réduction de 5 euros HT le m² est consentie. Après 277 le m².

Pour les adhérents au SNE, 181 avant le 10 août 2012, 185 ensuite, au m².

Au delà de 80 m², il existe une possibilité d'augmenter la surface avec une mezzanine à 173 le m² (170 pour réservation rapide).

- L'Espace pré-équipé se vend à 9 m² minimum.

339 le m² (moins 7 avant le...) et pour les adhérents au SNE à 245 (moins 5 avant)

- L'Espace prestige, à partir de 15 m² : 449 le m² (moins 9 avant le...), accessible à 354 aux adhérents au SNE (moins 7 avant le...)

Multiplier 16 par 277 pour s'asseoir par terre ou 9 par 339, pour les ajouter aux 881 du grand A ? Ce prix me semble tellement disproportionné par rapport aux possibilités de ventes !
Mais, rassurez-vous, les modestes, grâce à la "NOUVEAUTÉ 2013", aussi appelée "B4 - FORMULE COUP DE POUCE" ils vous "offrent" une "Formule tout compris" à 695 euros ht. Mais naturellement, vous serez à l'étroit : un "module de 3 m²" mais avec les "Frais obligatoires" (le A), 2 badges exposants, une table, une chaise, l'électricité et un spot d'éclairage. L'aspect ne me semble guère attractif !
Cet espace est accessible « *aux maisons d'édition et sociétés* » qui exposent pour la première fois et dont le chiffre d'affaires est inférieur à 100 000 euros.
« *Maison d'édition* » selon leurs critères, je ne le suis sûrement pas mais l'administration fiscale me considère comme une « *société.* »
Il est précisé : « *les candidatures sont soumises à un comité de sélection qui se réserve le droit d'accepter ou de refuser les*

demandes. » Ternoise, il va nous foutre la merde, on le refuse ! Il serait capable d'entarter Aurélie ou Antoine ! Non ? Ce ne serait pas leur réaction ? De toute manière, je n'ai nullement l'intention (ni les moyens) de leur donner 695 euros, me payer un voyage et trois nuits d'hôtel !

Il existe également un "forfait espace de 9 m² pré-équipé" à 1778 euros.

Malgré mon absence, des événements pourraient vous intéresser : en plus des 60 ans du *Livre de poche*, les 20 ans de la BD *Titeuf* et les 75 de *Spirou*. Un salon très littéraire avec naturellement le Goncourt 2012 Jérôme Ferrari, Amélie Nothomb, Marc Levy...

Un nouveau document magistral du SNE en 2013 ?

Il a bien vieilli, « *Le livre numérique : idées reçues et propositions* », diffusé au salon du livre de Paris, lors des Assises professionnelles du livre, organisées par le SNE, le 17 mars 2009. Enfin, il a surtout mal vieilli ! Donc il serait possible que le SNE profite de l'occasion pour présenter une actualisation, qui ne devrait pas plus briller par sa pertinence...

Je l'avais décortiqué dans "*Le livre numérique, fils de l'auto-édition*" : "l'ebook selon le SNE. Analyse de la version officielle." Inutile d'annoter ce texte, désormais tout lecteur de ce document devrait sourire à la démonstration d'un prix de fabrication du livre numérique aussi élevé que celui en papier.

Savoir ce que pense l'adversaire est essentiel !
Il existe un document presque surréaliste, pour moi. Mais non, c'est ainsi qu'on pense au SNE.
http://www.sne.fr/informations/livre-electronique-03-09.html

Il s'agit d'un texte intitulé « Le livre numérique : idées reçues et propositions », diffusé au salon du livre de Paris, lors des Assises professionnelles du livre, organisées par le SNE, le 17 mars 2009.

Essayons de convaincre : un livre numérique doit coûter plus cher qu'un livre papier !

Ce n'est pas un sujet de littérature fantaisiste ni une rédaction pour les 6eme C.

Ainsi le SNE égraine des arguments pour combattre l'idée qu'un livre numérique doive coûter moins cher qu'un livre papier !
Il prétend même qu'un ebook « *coûte au moins autant à produire qu'un livre papier.* »

Admirons le sophisme : étant convenu : les dix euros d'un livre-papier vendu se répartissent de la manière suivante : 1 € pour l'auteur, 1,50 € pour l'éditeur, 1,50 € pour l'imprimeur, 1,70 € pour le diffuseur et le distributeur, 3,80 € pour le libraire, 0,50 € pour l'Etat (TVA).
Le SNE précise néanmoins : « *ce sont, à part la TVA, des chiffres moyens, qui peuvent varier.* » La part de l'imprimeur semble surévaluée : après 2000 exemplaires, le coût de l'impression tombe le plus souvent à moins de 10% du prix du livre. Mais il est vrai que ces éditeurs subissent un nombre d'invendus conséquent, dont les frais même de destruction sont sûrement reportés dans la case « imprimeur. »
Et c'est parti pour la version ebook selon le SNE : « *L'auteur touche toujours autant, et*

aimerait bien davantage... » (ne rêvez pas : *autant* doit se comprendre en pourcentage)
Certes « *il n'y a plus d'imprimeur ni de frais de logistique liés au papier (transport et stockage).* »
Mais l'éditeur aura « *de nouveaux coûts* », et on trouve là une liste à la Prévert : « *coûts de conversion des fichiers (voire de numérisation s'il s'agit de livres plus anciens), coûts de stockage des fichiers, coûts de sécurisation des fichiers, frais juridiques liés à l'adaptation des contrats d'édition et à la défense contre le piratage, etc.* »
Y'a même pas le coût de l'ordinateur !
Coût de conversion des fichiers, de word en PDF ? (les éditeurs connaissent pourtant la procédure : ils fournissent aux imprimeurs des documents PDF)
Qu'y a-t-il de choquant, finalement, quand on est le syndicat des éditeurs, à vouloir donner la part de l'imprimeur et celle des transporteurs à l'éditeur ?

Mais ce n'est pas tout : « *vendre des livres numériques ne se fait pas tout seul : cela nécessite un diffuseur-distributeur (« e-distributeur » pour reprendre la terminologie de Gallica2) et des sites de vente en ligne des livres (« e-librairies »).* »

M. David Assouline, le 29 mars 2011, lors du débat sur le prix unique du livre numérique au

Sénat : « *Il est incompréhensible que les éditeurs nous disent que, s'il y a une économie de coût, les auteurs n'ont pas à bénéficier d'une rémunération digne et équitable ! Là où le marché du livre numérique s'impose, les économies sont importantes : les auteurs doivent pouvoir bénéficier d'une rémunération juste et équitable. Un rapport est une bien faible réponse.* »
Quelques instants plus tard à la même tribune :
« *Quand je vois les éditeurs s'insurger contre une petite phrase sur* « *la rémunération juste et équitable des auteurs* »*, je me dis que les masques tombent. Il n'y aurait pourtant pas de livres sans auteurs, pas de création sans créateurs. Des dizaines de milliers d'auteurs sont dans l'impossibilité de vivre de leur travail.*
Avec le numérique, nombre de coûts vont être atténués, du papier à l'imprimerie et au stockage, on pourrait donc se préoccuper enfin des auteurs. Et on nous dit « *Oh non, surtout pas* » *! Nous ne pouvons rester les bras ballants face à cela.*
A l'heure actuelle, 55 % de coût du livre représente la distribution, 15 % l'impression, 20 % l'éditeur et 10 % l'auteur. Avec le livre numérique, l'éditeur touchera sept fois plus que l'auteur !
Je n'ai donc pas compris que les députés aient

pu céder sur ce point. Les éditeurs japonais, américains, canadiens m'ont dit la même chose : le numérique réduit de 40 % les coûts d'édition. »
http://www.senat.fr/cra/s20110329/s20110329_21.html

Pourtant le SNE pose la question qui aurait pu être la mienne : « *pourquoi ne pas pratiquer la vente directe ? »*
Mais la réponse fuse, péremptoire : « *Ce serait méconnaître l'importance stratégique que revêt la librairie de qualité pour tous les éditeurs.* » Pas certain que les éditeurs le pensent vraiment mais face au tsunami possible du numérique, prétendre que nous sommes tous dans le même bateau !

Oh ! Le mythe de la librairie de qualité ! « *3 500 libraires indépendants ont survécu... »* (*Frédéric Mitterrand*)

Bref, ces nouveaux coûts « *compensent peu ou prou* » ceux de l'imprimeur.
Et comme nous ne sommes toujours pas en 2012, le passage d'une TVA de 5,5 % à 19,6 % entraîne « *un surcoût de 14 % du livre numérique ! »*
Le SNE sait bien que les consommateurs veulent du moins cher :
« *Non seulement annoncer que le prix du livre numérique devra être inférieur de 30 % à celui de papier est dangereux pour le*

développement du marché numérique, mais il l'est aussi pour le livre papier, dont on ne comprendra plus qu'il soit à payer au juste prix : c'est tout l'édifice de la loi sur le prix unique qui risque d'être remis en cause. »

Hé oui, cher SNE, c'est tout votre système qui doit s'écrouler. Le livre papier a trouvé un concurrent nettement moins cher, il ne lui reste plus qu'à se montrer plus pratique.

Mais ce n'est pas fini, le SNE s'attaque à toutes les « *idées reçues.* » Vient ensuite : « *Le livre numérique va remplacer le livre papier.* »

Réponse :
« *Pas de fatalisme de notre part. Le livre numérique est pour les éditeurs une formidable opportunité de créer un nouveau marché et de toucher de nouveaux publics. L'édition est en train de devenir une industrie multi-supports : livre papier et livre numérique vont coexister. Une partie du marché du livre papier va diminuer, mais elle sera compensée par la création de nouveaux marchés. L'arrivée d'un nouveau média ne détruit pas forcément les anciens, il crée de nouveaux usages, souvent complémentaires des anciens : la télévision n'a pas détruit la radio, etc.* »
Essayez de comprendre qu'au niveau du livre, ce n'est pas un nouveau média mais une

nouvelle approche : un autre support pour le même contenu.
Le numérique permet naturellement d'autres utilisations qu'un livre mais ce n'est pas notre sujet : nous sommes simplement dans un secteur confronté à l'arrivée d'un nouveau support pour nos écrits.
Résumons l'idéal probable du SNE : les anciens lecteurs continuent à acheter du papier très cher et le numérique permet d'accroître le marché.

Comme au SNE remontent sûrement les inquiétudes des éditeurs, il répond aussi à : « en devenant numérique, le livre va fatalement être piraté, comme le disque et la vidéo. »
Qui a osé prendre l'initiative d'écrire :
« *Dans l'univers d'Internet s'est installé le mythe de gratuité de l'accès aux contenus intellectuels : la musique et la vidéo en ont déjà fait les frais, perdant l'un la moitié, l'autre le quart de son marché. Idée faussement généreuse voire dangereuse car elle risque d'entraîner un appauvrissement de la qualité et de la diversité des contenus, dont les éditeurs sont les garants, voire le retour à un système pris en charge par l'Etat.* »
Les éditeurs autoproclamés garants de la diversité des contenus ! Il faut oser ! Ils osent.
Alors, camarades, il est urgent de « *lutter*

contre la prolifération du piratage » et pour cela, tout le monde doit s'y mettre, *« fournisseurs de contenus, télécoms, fournisseurs d'accès à Internet, moteurs de recherche et bibliothèques numériques. »* Tous ensemble pour sauver les bons soldats du SNE !

Mais le monde est peuplé de méchants : *« certains de ces acteurs, dont les visées monopolistiques et hégémoniques sont claires, renversent le principe du droit d'auteur pour promouvoir leurs propres intérêts et générer d'importants revenus publicitaires à partir des contenus des éditeurs. »*

Aucun groupe d'édition en France n'a de *« visées monopolistiques et hégémoniques ? »* Alors, l'appel aux fondamentaux du droit d'auteur, *« qui fait partie des droits de l'Homme hérités du Siècle des Lumières. »*

Et ce droit d'auteur *« rémunère le travail des auteurs et de leurs éditeurs. »*

Oui… mais ce n'est pas le problème, chers gens du SNE ! Surtout que la suite est fracassante, l'humanité court à sa perte si les profiteurs des écrivains disparaissent : *« N'y a-t-il pas là une extraordinaire régression démocratique à refuser de rémunérer le travail intellectuel, à refuser de rémunérer l'œuvre de l'esprit, alors qu'on accepte de payer pour des biens matériels ou des services ? »*

Quand 90% des revenus consécutifs au travail d'un écrivain s'évaporent, vous considérez le travail intellectuel justement rémunéré ? Vous participez à la domination d'un système injuste, nous devons donc vous renverser.

Nous souhaitons élaborer un modèle économique équitable, qui rémunère correctement notre travail intellectuel, sans restreindre l'accès à nos œuvres par un tarif exorbitant.

Vient ensuite un domaine qui nous concerne vraiment mais une affirmation combattue par le SNE : « *On pourra se passer d'éditeur à l'ère du numérique.* »

Et contre cette *utopie*, ils ont un exemple fracassant : Stephen King. Explications : « *Stephen King a tenté l'expérience de vendre directement ses livres en ligne. Devant l'échec complet de sa tentative, il est revenu vers son éditeur...* » Vous voyez bien que c'est impossible, Stephen King a échoué !

D'ailleurs : « *Cette idée reçue provient d'une méconnaissance du métier et de la valeur ajoutée de l'éditeur.* »

Et si on parlait plutôt d'Amanda Hocking ? Elle est du même pays que Stephen King, les Etats-Unis, mais elle n'a que 26 ans (contre 63 pour son aîné) et elle a vendu 900 000 livres en moins d'un an... Devenue millionnaire sans éditeur, en distribuant sur Amazon et quelques autres web plateformes. Sans éditeur, en auto-édition donc, avec des livres vendus de 0,99 à 2,99 dollars. Mais contrairement au modèle du SNE, 70% du prix payé par les internautes lui revient.

Néanmoins, voilà la grande vérité du SNE : « *Plutôt discret et en retrait derrière ses auteurs, l'éditeur a pourtant un rôle crucial : il sélectionne et « labellise » les œuvres en les intégrant dans un catalogue, un fonds, une marque reconnus par les lecteurs ; il apporte une contribution intellectuelle (« création éditoriale ») importante ; enfin il s'engage à exploiter commercialement les œuvres de manière continue (vente de livres, de droits dérivés, etc.).* »
Qui y croit, quand Loana est labellisée Pauvert ! Pauvert l'éditeur de Sade, Apollinaire, Georges Bataille, André Breton, René Crevel, Tristan Tzara, Boris Vian... Certes Pauvert devenu une filiale des éditions Fayard. Albin Michel aurait tant aimé éditer l'icône de la télé réalité !
Vous souhaitez revêtir le label de la filiale livres de Lagardère ?

Autre « *idée reçue* » combattue : « *On pourra se passer de libraire à l'ère du numérique.* »

Alors le beau blabla habituel : « *L'existence en France d'un vaste réseau de librairies* indépendantes, qui s'est globalement maintenu grâce à la loi sur le prix unique du livre, est déterminante pour la diversité et la qualité de la production éditoriale. » Tu parles, Charles ! Grâce aux subventions des Conseils Régionaux aussi. Des libraires qui ouvrent les cartons et placent aux tables d'honneur les livres vus à la télé !

Et nous sommes prévenus : « *Le SNE est mobilisé pour aider la librairie indépendante à trouver toute sa place sur le marché émergent du livre numérique.* » Sauvons les libraires alliés des éditeurs, sur le dos des écrivains.

Ensuite, place aux « *propositions pour créer une offre de livres numériques de qualité.* »
Pour la TVA à 5,5, nous sommes forcément d'accord. Mais revient le soutien aux librairies, qu'ils semblaient disposés à subventionner (vous voyez où fond l'argent de la culture) pour leur permettre de créer un portail Internet.
Je ne résiste pas, je reprends encore deux phrases, c'est tellement caricatural : « *Il faut aider les librairies de qualité à entrer sur le marché du numérique, en créant un ou plusieurs portails de vente en ligne de livres non seulement papier, mais aussi numériques. C'est la condition sine qua non du maintien de la diversité culturelle.* »
Sur la lutte contre le piratage, ce sont les arguments classiques, contre l'ebook gratuit.

A aucun moment n'apparait la possibilité d'un autre modèle économique. Ils veulent que le numérique se plie à leur vieux système, un monde figé. Ils défendent leur profession, ce n'est pas un scandale. Mais qu'on arrête de prétendre que ce SNE peut parler au nom des écrivains.

Aurélie Filippetti ou l'annonce déjà annoncée...

Elle aurait pu vouloir marquer les esprits avec une annonce choc ! Elle semble avoir préféré les préparer ! Peut-être pour y être bien accueillie, sans cri du genre *"Filippetti trahison, Filippetti démission."* Maintenant on sait parfaitement, depuis le déplacement du président normal à Dijon en ce début mars 2013 que la liberté de parole est limitée près de certaines personnalités, même socialistes (imaginons les réactions si le président Sarkozy avait suscité un tel nettoyage de son espace de circulation : dans les rues, un homme encore jeune crie : *"monsieur Hollande ? elles sont où les promesses ?... elles sont où ?"* Même pas d'insulte ! Il n'en hurlera pas plus. En ce lundi 11 mars, il fut emmené manu militari par le service d'ordre du président...).

En février 2013, en marge du Festival International de la Bande Dessinée d'Angoulême : « *Moi, ce que je souhaite faire, c'est établir un ensemble de mesures de soutien notamment pour les libraires. Je pense qu'il n'y a pas de bande dessinée, d'auteurs de bande dessinée, s'il n'y a pas de libraires pour faire aimer et découvrir la richesse de la bande dessinée au lecteur. J'annoncerai bientôt, fin mars au Salon du Livre, un programme pour la librairie qui ne concernera évidemment pas que la BD mais tous les libraires et qui constitue le meilleur moyen de soutenir l'univers de la bande dessinée.* »

Ces aides à la libraire me scandalisent. Les libraires ont accepté un système d'où les écrivains indépendants sont exclus, celui de "l'office", l'envoi par les distributeurs de réguliers cartons. Des distributeurs par lesquels l'écrivain indépendant n'a pas les moyens de passer.

La question des accréditations

Ici, du fin fond de mon Quercy, je lis des articles sur le problème des accréditations et finalement, je me dis que les éditeurs ont raison d'en profiter. Les écrivains veulent participer à leur fête !
Un certain Coluche, dont il ne faut jamais oublier qu'il fut très mal considéré par les installés de son vivant, avait une phrase que ces auteurs pourraient peut-être adapter « *La société n'a pas voulu de nous ? Qu'elle se rassure ! On n'veut pas d'elle !* » Non ? Bon pour la suite je diverge mais je pense qu'il me soutiendrait « *On lui fout la paix. C'est pas nous qui allons lui mettre des bâtons dans les trous.* »
Je vais quand même leur placer un ebook dans le plan marketing.

Je dois résumer ?
Non, tout le monde a compris. Je vous en ajoute juste une autre à adapter « *Bob, il dit toujours : si la société nous rejette, c'est parce qu'elle veut oublier que c'est elle qui nous a créés.* » En 2013 « *Bob, il dit toujours : si les éditeurs essayent de nous faire disparaître, c'est parce qu'ils ne veulent pas qu'on sache que c'est leurs pratiques qui ont favorisé le désir d'indépendance.* » On peut adapter autrement !

Comme tout le monde a tout compris, retour aux accréditations.

Ce problème semble avoir débuté en 2012.

ActuaLitté, le site de Nicolas Gary, en fut la scène médiatique majeure.
Après avoir été contacté par « plusieurs » *auteurs,* il signait un article, le vendredi 17 février 2012, reprenant un « mail-type » envoyé aux solliciteurs :

Bonjour,

À compter de cette année, seuls les auteurs ayant une actualité et donc une dédicace sont accrédités gratuitement au Salon du livre. Cette accréditation doit passer par l'éditeur.

L'entrée est donc payante et est au tarif de 9,50 euros.

Vous pouvez préacheter votre billet au tarif de 7 euros avant le 15/02/2012 en vous rendant sur notre site http://www.salondulivreparis.com/Billetterie.htm

Cordialement

Bertrand Morisset
Commissaire général du Salon du livre

Le même avait répondu au chroniqueur :
« *Les auteurs adhérents de sociétés comme la SGDL ou la SCMA, avec lesquelles nous avons des accords particuliers pourront se rendre, à*

titre de professionnels, gratuitement au Salon, avec leur accréditation de professionnels. D'autre part, si une lettre motivée de l'éditeur nous est présentée par un auteur, et qu'elle justifie de la présence de l'auteur en qualité de professionnels, nous n'avons aucune raison de la refuser. Simplement, il nous faut absolument préserver notre salon des gangs de malfrats qui sévissent, mais plus encore contre les lettres falsifiées qui nous parviennent, et permettent d'enrichir un marché noir. »
http://www.actualitte.com/societe/accreditation-lutte-contre-la-vente-illicite-de-billets-au-salon-du-livre-32124.htm

Car cette mesure vise "officiellement" à lutter contre la revente d'accréditations au marché noir ! Vilains auteurs qui demandent un billet gratuit pour le revendre !
L'hypothèse qu'il s'agirait en fait d'obtenir un supplément d'entrées payantes avec ce public qui bénéficia de la gratuité et semble avoir des raisons suffisantes de sortir son fric ne fut pas évoquée. Qui à part les chasseurs d'autographes est prêt à payer pour entrer dans ce salon ? Les auteurs qui espèrent solliciter des éditeurs ou journalistes peu accessibles ailleurs ! Donc il faut les faire payer ! Un auteur, ça bosse gratuitement pour nous (plus gracieusement, ça dédicace ses oeuvres) ou ça paye son droit d'entrée ! Il ne faudrait pas en plus offrir le caviar et le champagne à ces profiteurs !

7 jours plus tard, trois mouvements utilisaient le site pour envoyer une lettre à ce Bertrand Morisset : *le Grill*, une association d'illustrateurs, dessinateurs de BD et scénaristes de la région Alsace, *le Snac*, Syndicat National des Auteurs et des Compositeurs, versant BD et *la Charte* une association d'auteurs et illustrateurs jeunesse, dont l'adresse est située Hôtel de Massa - 38, rue du Faubourg Saint-Jacques, 75014 Paris, comme la SGDL (hum hum hum).

Monsieur,

Nous avons découvert avec stupeur les nouvelles règles d'accréditation au Salon du livre de Paris 2012.

Ainsi, seuls les auteurs munis d'une lettre d'un éditeur et ceux membres d'une société professionnelle seront admis gratuitement. Cela veut-il dire que les autres (non syndiqués, dont la maison d'édition n'existe plus, fâchés avec leur éditeur...) n'ont pas d'intérêt pour la vie du Salon ? Qu'ils ne sont pas auteurs à part entière ?

Pour justifier l'absence d'obligation contractuelle à offrir à tous un accès gratuit, vous avancez que le Salon est une entreprise privée qui ne bénéficie d'aucun financement public. Doit-on vous rappeler que les auteurs viennent gracieusement au Salon, et qu'ils sont la raison des bénéfices de votre entreprise privée ? Par ailleurs, nombre de stands sont payés par l'argent public (Radio France, CNL, éditeurs subventionnés...).

Penser que restreindre l'accès aux auteurs permettra de lutter contre la délinquance est non seulement illusoire, mais aussi blessant. Ce rapprochement provoque un grand malaise parmi les auteurs.

Une fois encore, ce sont les catégories les plus précaires de l'édition qui font les frais d'un climat sécuritaire.

Pourtant, pour la première fois, les auteurs vont avoir leur stand au Salon du livre de Paris. Nous nous en réjouissons. Quel dommage d'entacher ce qui ne devrait être que positif.

La Charte, le Grill et le Snac bd vous demandent de revenir sur ces nouvelles règles d'accréditation, et de permettre à tous les auteurs de venir gratuitement à un salon qui n'existerait pas sans eux.

Nous vous prions de recevoir l'expression de nos sincères salutations.

La Charte, le Grill et le Snac bd.

Quelques heures plus tard, le directeur général du Pôle Culture & Loisirs de Reed Expo leur répondait sur le site. Plus rapide que la poste, Nicolas ! Quel pouvoir médiatique ! Une polémique doit passer par *ActuaLitté* pour exister ? (certains ne manqueront pas de lui faire remarquer mon sourire mais comme son média est le seul que je suis vraiment, c'est inévitable ! qu'il en soit ainsi remercié !... néanmoins, aucun de mes pavés ne lui a semblé suffisamment intéressant pour le présenter ! De l'impertinence oui... mais pas au point de franchir la ligne jaune d'une mise à la une d'un révolutionnaire du numérique ! Courage Nicolas, de toute manière Aurélie vous boude déjà depuis que vous avez "rapporté" son "*c'est l'éditeur qui fait la littérature*"...)

Messieurs,

Je viens de prendre connaissance de la lettre adressée à Bertrand Morisset par la Charte, le Grill et le SNAC BD et publiée par ActuaLitté.

Si je comprends la démarche envisagée par le directeur du salon pour optimiser et faciliter l'accueil des auteurs au Salon du Livre, je regrette évidemment la formulation malheureuse de cette démarche.

Je reconnais qu'elle ait pu créer une certaine confusion et une émotion que je déplore et que je regrette très sincèrement comme l'ensemble de l'équipe du Salon.

Au nom du groupe Reed je tiens donc à présenter toutes nos excuses à celles et ceux qui, parmi les auteurs ou tout professionnel concerné, ont pu penser qu'ils ne seraient pas les bienvenus sur le Salon du Livre, Salon qui sans eux et leurs éditeurs, est-il besoin de le rappeler, n'existerait pas.

La vocation du Salon du Livre est bien d'accueillir et de rassembler tous les acteurs du monde du livre et de l'édition où les auteurs ont évidemment le tout premier rôle et au-delà, une place toute particulière.

Pour recevoir un badge qui leur donnera libre accès au salon, les auteurs sont donc invités à se connecter sur notre site internet et s'accréditer en ligne sur l'espace accréditation pro.

En attendant de vous accueillir avec grand plaisir au 32ème Salon du Livre.

Jean-Daniel Compain Directeur Général
Pôle Culture & Loisirs

Reed Expositions

Pour les Auteurs, les documents à fournir sont : scan de la carte SGDL, SCAM, Maison des écrivains, Charte des Illustrateurs, ATLF, SNAC, OU lettre accréditive émanant d'une structure éditoriale OU scan de la couverture du livre.

http://www.actualitte.com/tribunes/le-salon-du-livre-a-vocation-a-accueillir-et-rassembler-tous-les-auteurs-1699.htm

En 2013, c'est le drame : dans le document d'accréditation, nouvelle absence des auteurs dans les métiers du livre !

Niveau CREATION :

- Coloriste lettre accréditive émanant d'une structure éditoriale
- Dessinateur lettre accréditive émanant d'une structure éditoriale
- Traducteur lettre accréditive émanant d'une structure éditoriale.

Il semble qu'il ait fallu être adhérent d'une des associations dites représentatives, ou passer par une préinscription sur le site avec actualité justifiant l'accréditation... ça va finir par entrer dans les moeurs : un auteur vient bosser bénévolement ou il paye son entrée. Et pas de manière ! Ni pleurnicheries du genre "l'année dernière j'ai signé durant les 4 jours, alors cette année soyez sympa !..."

Risible ! Franchement, auteurs, vous ne feriez pas mieux de publier des livres ces jours-là plutôt que de participer à la réussite d'une fête de nos adversaires où nous pouvons au mieux être travailleurs bénévoles ! Oui, le mot est balancé "adversaires". Les éditeurs traditionnels sont nos adversaires dans la nouvelle économie du livre, où le numérique et l'impression à la demande peuvent anéantir le circuit "traditionnel" du livre en papier.

L'organisation d'un contre salon serait plus efficace. J'aurais bien proposé à Montcuq mais la municipalité, dans le versant culturel, bénéficie déjà du *Monopoly*. Quant à Cahors ou Toulouse...

Dans les péripéties, les difficultés de l'exercice d'un salon consensuel et officiellement ouvert, seule l'absence de l'écrivain roumain Mircea Cartarescu semble mériter d'être signalée, brièvement, par l'AFP, le 15 mars 2013.
« *Parmi les 27 auteurs roumains invités, représentant toutes les générations et tous les genres, sont attendus Razvan Radulescu, écrivain et scénariste entre autres du film «Child's Pose», Ours d'or au festival du film de Berlin cette année, ou Matei Visniec, dramaturge, poète et journaliste exilé en France, dont les pièces sont parmi les plus jouées en Roumanie ou au festival off d'Avignon.*

A leurs côtés, la romancière et journaliste Gabriela Adamesteanu, l'éditeur de Cioran Gabriel Liiceanu ou l'auteur de bandes dessinées Alex Talamba. En revanche, l'écrivain Mircea Cartarescu, auteur contemporain roumain le plus traduit et souvent évoqué comme possible Prix Nobel de littérature, a dit ce vendredi qu'il «ne participerait pas» finalement au Salon.

Sa décision survient sur fond d'attaques de la nouvelle direction de l'Institut culturel roumain (ICR) contre certains intellectuels accusés d'être favorables au président roumain de centre droit Traian Basescu. »

L'AFP note également :
" *« C'est certain que le numérique prend plus de place au Salon du livre et fait partie des enjeux importants », dit Vincent Montagne. « C'est doublement le cas cette année, puisqu'on est en train de signer un accord entre les éditeurs et les auteurs qui définit le contrat d'édition à l'ère du numérique ». Annoncé la semaine dernière, cet accord sera signé jeudi.*"

La polémique de 2010

En 2010, la polémique présentait plus de consistance ! C'était la trentième du salon et Hachette n'avait réservé que 100 mètres carrés, contre 900 les précédentes années ! Qui plus est, sans livre !
« *Quand certains éditeurs remplacent leur stand par des guichets de la Sécurité sociale, ils commettent une grave erreur. Il n'y a pas plus terrible qu'un stand vide* », balança Frédéric Mitterrand, alors ministre de la Culture. Pourtant, il y a bien plus terrible qu'un stand Lagardère vide, monsieur le neveu de "François 1er" : des stands remplis de livres issus de l'industrie du livre, où les écrivains indépendants ne peuvent s'installer.

Selon *Le Parisien* du 26 mars : "*Hachette déplore le montant trop élevé du prix des emplacements et un manque d'évolution du salon, réduit à ses yeux à une « chasse à l'autographe ».*" Le quotidien ajoutait une citation d'Olivier Nora, patron des Editions *Grasset* et de *Fayard*, qui aurait déclaré sur *France-Inter* le mardi matin « *Le salon s'est fossilisé.* » J'ignore naturellement le sens exact conféré à cette expression par ce patron.

Lucie Soullier dans *Marianne* notait "*Beaucoup de petites maisons d'édition ont également* déserté le salon. Le motif invoqué est généralement économique. Présente au début de son existence, la petite maison d'édition In Press a ainsi rapidement pris conscience du temps, de l'énergie et de l'argent que requiert l'aventure du salon. Or « cela n'a rien apporté, ni en clients, ni en notoriété »."

Quand il ferma ses portes, furent publiés des constats intéressants d'Alain Beuve-Méry et Christine Rousseau dans le Monde :
« - Une fréquentation en baisse. De deux choses l'une, soit les organisateurs du Salon ont élargi les allées, soit la fréquentation a baissé car, excepté samedi après-midi, on circulait plus aisément que les années précédentes au pavillon 1 de la porte de Versailles. Mercredi 31 mars, ils ont reconnu un élargissement... et une baisse de 8 % par rapport à 2009, soit un total d'environ 190 000 entrées, dont un cinquième payantes.

- En moyenne, les éditeurs ont vu leurs ventes baisser de 10 % par rapport à l'an passé. Ce chiffre cache de fortes disparités entre éditeurs, mais le groupe Media Participations a avoué un recul de 3 % de ses ventes, Gallimard de 8 %, et Hervé de La Martinière un net fléchissement du livre illustré et de la littérature. La baisse du pouvoir d'achat des visiteurs se traduit par un plébiscite pour le livre de poche.

- "Pour ou contre le numérique. Le public attend l'iPad d'Apple, et les libraires ont protesté contre Izneo, la plateforme de BD en ligne lancée par Dargaud et Casterman, qui les court-circuite. Un journal des réfractaires à l'ordre numérique a aussi circulé dans les travées du Salon, tandis que 1 000 auteurs de BD ont signé une pétition pour se faire entendre. »

Ils signalaient également, ce qui fut sans doute l'information la plus importante pour les écrivains, qu'un pin's vert fut la grande vedette de ce salon : "*Je cherche un éditeur, mais je ne couche pas*". Etonnant non ? Nous aurions aimé un développement des motivations d'un tel succès ! Des pratiques peu littéraires séviraient-elles dans le milieu pourtant irréprochable de l'édition ? Une enquête pour nos vaillants journalistes de *la Dépêche du midi* (je pense aux fins limiers de l'affaire Dominique Baudis).

Quant au coût des stands : pour les adhérents au SNE, 213 euros au m² contre 209 l'année précédente. Il s'agissait de la première augmentation en cinq ans.

Pourtant : salon du livre de Paris vu par le CRL de Martin Malvy

Le budget global de l'aide aux installés du Centre Régional des Lettres n'est pas communiqué mais dans le "*Rapport d'activité & Rapport financier 2011*" au niveau des organismes associés, le "IV CENTRE REGIONAL DES LETTRES (CRL)" note quelques informations dont un regard sur le salon du livre de Paris qui a le grand mérite d'énoncer un bilan mais sans en tirer les bonnes conclusions !

« *A partir de cette année, la décision a été prise en concertation avec la Région Midi-Pyrénées de ne pas avoir de stand collectif régional au Salon du Livre de Paris : coûts trop élevés, bilans très contrastés des éditeurs, avenir incertain du Salon. Par contre, pour permettre aux maisons d'édition de se rendre à des salons, foires du livre ou manifestations littéraires hors région ou à l'étranger (Salon du Livre de Paris compris), le dispositif d'aide aux déplacements hors région a été renforcé. Vingt et une maisons d'édition régionales ont ainsi été aidées pour un montant global de 46 637 euros.* »

Sur le site du CRL, à la page "*Soutenir la création et la chaîne du livre*" figure toujours en 2013 :

« 2. Editeurs : présence à Vivons Livres ! Salon du livre Midi-Pyrénées, aides aux déplacements hors région (entre autres le Salon du livre de Paris), aides à la fabrication et à la traduction, toutes versées par la Région Midi-Pyrénées.»

Est-ce totalement incohérent ?
Naturellement, il existe toujours une logique dans les politiques de ce genre d'organismes. Mais comme elle n'est pas clairement énoncée, le chroniqueur indépendant doit émettre des hypothèses. La disparition du « *stand collectif régional au Salon du Livre de Paris* » où de nombreuses petites structures semblaient pouvoir prendre place, au profit d'une aide aux déplacements... donc des structures qui ont les moyens de se déplacer ?... Ne serait-ce pas un moyen d'éviter que de petits éditeurs "insignifiants" saisissent l'occasion pour essayer de se montrer ? Donc une volonté de limiter aux plus grosses structures les aides pour le salon du livre de Paris ? J'aimerais naturellement obtenir des réponses de M. Malvy Martin sur ce sujet mais si je parviens, parfois, à susciter une réaction, on ne peut pas dire qu'il répondre vraiment aux interrogations posées (voir *Contrairement à Gérard Depardieu, dois-je quitter la France ?*)

Par exemple les éditions Privat de Toulouse,

qui publient fin mars un livre du Président de la région, participent à ce salon 2013. Quelle aide ont-ils reçu ? Mystère !

J'ai "naturellement" toujours dénoncé cet argent public dilapidé pour permettre à certain(e)s un séjour parisien. Mais pas un mot sur les responsables de cette erreur ni sur le coût total ! Juste : « *A partir de cette année, la décision a été prise en concertation avec la Région Midi-Pyrénées de ne pas avoir de stand collectif régional au Salon du Livre de Paris : coûts trop élevés.* » Il faudrait sûrement les en féliciter... Mais comme remarqué, il ne semble pas s'agir d'une économie mais d'une autre répartition des sommes. Et les erreurs d'hier (puis-je appeler cela erreur ou dois-je simplement féliciter la décision) n'empêchent nullement monsieur Malvy de justifier sa politique actuelle d'exclusion des travailleurs indépendants de toutes possibilité d'accès aux bourses publiques alors qu'éditeurs "traditionnels" et libraires "traditionnels" bénéficient d'abondantes aides, tout comme les écrivains inféodés à ce système.

Les Assises du livre numérique au Salon du Livre de Paris... sans moi, donc !

Une petite manifestation dans la grande « *organisée par le SNE avec le soutien de la SOFIA.* » Le soutien est-il financier ? De toute manière, je ne peux recevoir un seul centime de cette SOFIA, gestionnaire du droit de prêt en bibliothèques et de la manne de la copie privée. Leur objectif sera de présenter « *un tour d'horizon des opportunités, innovations et perspectives du numérique pour le secteur de l'édition.* »

Il s'agira, le vendredi 22 mars 2013, à partir de 10h30, de la dixième édition de ces Assises du livre numérique. Les neuf premières ne semblent pas avoir débouché sur autre chose que le consensuel (pour éditeurs et libraires) "il faut garder les auteurs chez nous." Si vous considérez ce résumé déplacé, retournez à l'analyse de leur document de 2009 !
Le titre ne suffisant pas, elle aura un thème « *Le livre numérique en situation.* » Quelle trouvaille ! Le site nous informe qu'elle « *traitera des dernières tendances en la matière.* » L'expression mérite naturellement une petite réflexion "les dernières tendances" de cette mode ?

Après une petite messe de Vincent Montagne (PDG du groupe Média-Participations), devenu Président du SNE après le rachat par

Gallimard Antoine de Flammarion, une heure de table-ronde pompeusement appelée « *le numérique ou la troisième révolution cognitive* » avec :
- Marcel Gauchet, rédacteur en chef de la revue *Le Débat.*
- Serge Tisseron, psychiatre, directeur de recherches à l'université Paris-Ouest, co-auteur de l'avis de l'Académie des sciences *L'enfant et les écrans* (*Le Pommier*, janvier 2013)
- Raffaele Simone, linguiste et philosophe, professeur de linguistique à l'université Rome 3, auteur de *Pris dans la toile, l'esprit aux temps du web* (*Le Débat/Gallimard*, novembre 2012)

Tout le monde ne remarquera peut-être qu'il s'agit d'un "débat" très Gallimard ! Qui sera "modéré" par Alban Cerisier, secrétaire général des éditions Gallimard, président de la commission numérique du SNE. Donc un "exposé" à 75% Gallimard où Serge Tisseron espère peut-être un jour publier, *Le Pommier* semblant être une jeune et modeste maison parisienne. Une table-ronde quoi, entre gens honnêtes (pas des révolutionnaires numériques mais des gens qui vivent du travail des écrivains !)

Immédiatement après ces échanges passionnés, une nouvelle heure de table-ronde (sûrement la même table) « *Le livre numérique, de la classe à l'amphi* ».

- Sylvie Marcé, PDG des éditions Belin, vice-présidente du SNE, présidente du Groupe Education du SNE.
- François Gèze, PDG des éditions de La Découverte, président du Groupe universitaire du SNE.

Modération : Christine de Mazières, déléguée générale du SNE.

Donc autour de la table, des gens du SNE ! Je comprends leur absence d'invitation !

De 12 heures 45 à 13 heures 15 : présentation de ReLIRE, le Registre des Livres Indisponibles en Réédition Electronique, par Arnaud Beaufort, directeur des services et des réseaux et directeur général adjoint (BnF)

C'est quand même assez exceptionnel, cette prise de risque de la programmation ! Le décret sur l'application des articles L. 134-1 à L. 134-9 du code de la propriété intellectuelle, relatif à l'exploitation numérique des livres indisponibles du XXe siècle disponible, ne fut publié que le 27 février 2013 (décret n° 2013-182). C'est à se demander si le gouvernement est au service des éditeurs ! Merci Jean-Marc (Ayrault) Merci Aurélie.

L'après-midi également rien ne justifie un déplacement !

De 14 heures 30 à 15 heures : conférence « *Les grands enjeux de l'édition numérique aux Etats-Unis* » par Bill McCoy, directeur exécutif de l'IDPF.

Puis jusqu'à 15 heures 45, le baromètre SOFIA/SNE/SGDL sur les usages du livre numérique, avec :

- Christian Roblin, directeur de la SOFIA
- Christine de Mazières, déléguée générale du SNE
- Geoffroy Pelletier, délégué général de la SGDL.

SOFIA, SNE, SGDL. Je n'ai pas le droit d'écrire que les auteurs ne seront pas représentés ! Les auteurs indépendants, oui, je peux l'écrire !

15 heures 45 à 16 heures 45 : Table-ronde « *La littérature de genre en numérique.* »

- Clément Bourgoin, Le Bélial
- Stéphane Marsan, Bragelonne
- Stéphane Aznar, Harlequin
Modération : Patrick Gambache, secrétaire général du groupe La Martinière, vice-président de la commission numérique du SNE.

Et après une pause d'un quart d'heure, le côté kitch durant une heure : « *les dernières innovations numériques, façon Pecha Kucha.* »

Plutôt qu'assises du livre numérique, je propose "Le SNE parle aux petits éditeurs, petits écrivains et grands journalistes." J'autorise naturellement les journalistes à reprendre cette formule (Stéphane Ternoise, l'auteur, et non "anonyme" comme on peut parfois le lire pour la représentation d'une pièce de théâtre ! Oui, il existe un quotidien régional où "anonyme" c'est moi !)

Le compte d'auteur et le SNE

Je ne suis pas surpris de lire :
« **Rappel** : L'édition « à compte d'auteur » (telle qu'elle est définie dans le Code de la propriété littéraire et artistique, art. L. 132-2) constitue un louage d'ouvrage (Code civil, art. 1787 sq.), sans prise de risque de l'éditeur ; elle ne rentre pas dans le champ d'activité statutaire du Syndicat national de l'édition. »
http://www.sne.fr/editeurs/realiser-un-livre.html

La procédure d'adhésion au SNE semble logique :

« Peut devenir adhérent du SNE toute maison d'édition, quelle que soit sa taille, pratiquant l'édition dans les conditions prévues à l'article 132-1 du Code de la propriété intellectuelle (éditions à compte d'éditeur). »
http://www.sne.fr/adherent/devenir-adherent.html

Alors pourquoi au moins une société pratiquant le compte d'auteur parmi les membres du SNE ? Suffit-il, par exemple, de pouvoir présenter quelques contrats à compte d'éditeur pour que le SNE ferme les yeux sur l'activité "principale" ? Ou d'autres raisons ? (naturellement, une mise à jour de ce livre sera effectuée en cas de réponse)

Si vous avez suivi mon historique, mon passage par le tribunal de Grande Instance de Paris, vous pouvez deviner le nom de la société pratiquant le compte d'auteur et pourtant membre du SNE. Ou cherchez ! Il n'y a pas de raison qu'elle soit la seule !

L'Accord SNE / CPE

J'ai naturellement lu le communiqué de presse du 8 mars 2013, proposé par le Conseil permanent des écrivains et le Syndicat national de l'édition, au titre fort "Auteurs et éditeurs - un accord important et prometteur."

Le 6 mars 13 - 12:45 AM sur Twitter, Filippetti Aurélie @aurelifil notait
« *Je me félicite de l'accord entre auteurs et éditeurs sur le contrat d'édition dans le secteur du #livre à l'ère du #numérique #cultureacte2* »

Ce tweet bénéficia d'un commentaire :
Stéphane Ternoise @ternoise
« *@aurelifil Vous avez TORT, le CPE n'est pas représentatif des écrivains ! http://www.utopie.pro/quitterlafrance.html* »

J'ai réalisé dans "*Le livre numérique, fils de l'auto-édition*", en 2011, une première analyse de CPE, que je reprends tout en la précisant ensuite.

CPE : Conseil permanent des écrivains. Selon ses statuts : « *union d'associations et de syndicats* » ; « *le Conseil Permanent des Ecrivains s'est fixé pour mission de rassembler l'ensemble des organismes ayant pour but de défendre les écrivains, les illustrateurs et les auteurs de l'écrit et du livre* » ; On y retrouve la Société des gens de lettres de France (SGDLF), le Syndicat national des auteurs et compositeurs (SNAC), l'Association des écrivains de langue française (ADELF), l'Association des traducteurs littéraires de France (ATLF), l'Association d'information et de défense des auteurs COSE-CALCRE, et même la SACEM ! (qui n'est ni une association ni un syndicat !)

Certes, ce CPE, ce n'est RIEN pour un écrivain indépendant.
Comment pourrions-nous nous sentir défendus par les représentants de ces structures ? Ils ont sûrement aimé la référence au CPE du Contrat Première Embauche.

Hervé GAYMARD, à l'Assemblée nationale, le 6 avril 2011, lors de l'étude de la proposition de loi relative au prix du livre numérique, résuma le dialogue au-dessus de nos têtes :

> ... Ces négociations entre le Conseil permanent des écrivains et le Syndicat national de l'édition sur les conditions de cession des droits numériques, devaient aboutir à un texte commun pour le Salon du livre de Paris, qui s'ouvrait à partir du 18 mars 2011, sur les points suivants : le contrat d'édition numérique, la durée limitée

du contrat, le bon à diffuser numérique, la rémunération, l'exploitation permanente et suivie et la reddition des comptes.

Au terme de ces discussions et de six réunions de travail, le SNE et le CPE ne sont pas parvenus à un accord sur l'ensemble de ces points, notamment pour ce qui concerne deux points fondamentaux : la durée du contrat et les conditions de rémunération.

S'agissant des conditions de rémunération, le SNE proposait aux auteurs un pourcentage strictement identique à celui existant pour l'édition papier. Restant attaché au principe de la rémunération proportionnelle, le CPE demande à ce que ce taux soit réévalué pour l'édition numérique de telle sorte que le montant de rémunération soit au moins équivalent en valeur absolue à celui obtenu pour l'édition papier, ce qui n'est pas accepté par le SNE.

Pour autant, un consensus a été trouvé sur plusieurs points :

– une instance de liaison entre le SNE et la Société des gens de lettres (SGDL) a été mise en place afin d'intervenir sur les questions contractuelles dans le domaine de l'édition physique et numérique, notamment en cas de différend entre un auteur et un éditeur ;

– auteurs et éditeurs ont acté la mise en œuvre d'un bon à diffuser numérique. L'auteur aura ainsi la possibilité de valider le fichier numérique avant sa diffusion ;

– les deux parties sont également d'accord pour que les dispositions contractuelles relatives à l'exploitation numérique des œuvres figurent clairement et distinctement dans le contrat d'édition, mais alors que les éditeurs plaident pour un seul et même contrat, les auteurs préféreraient que deux contrats distincts soient signés ;

– un accord a été trouvé sur une définition de l'exploitation permanente et suivie des œuvres sous forme numérique et sur les modalités de récupération des droits numériques par l'auteur en cas de mauvaise ou de non exploitation de l'œuvre au format numérique.

À l'issue d'une période qui reste à déterminer à compter de la signature du contrat, l'auteur pourra à tout moment demander à l'éditeur de mettre en œuvre les moyens nécessaires pour remplir ces conditions. À défaut, l'auteur pourra recouvrer ses droits numériques. Comme l'indiquait le CPE dans son communiqué de presse du 16 mars, « la possibilité pour l'auteur de récupérer ses droits constitue une condition essentielle pour le CPE, compte tenu des incertitudes actuelles sur les modalités de développement du marché numérique. »

Précisions :
Dans son communiqué de presse, le CPE notait : *les négociations se trouvent de ce fait suspendues et le CPE est amené à demander la médiation du ministère de la Culture ou à envisager une adaptation du Code de la propriété intellectuelle.*
Celui de SNE précisait : *l'étude du Bureau International de l'Edition Française –BIEF- sur les achats et ventes de droits de livres numériques à l'international conforte les éditeurs français, dont les pratiques sont en adéquation totale avec celles de leurs homologues étrangers. Sans exception, les droits numériques sont toujours considérés comme des droits premiers et sont à ce titre inclus dans le contrat d'édition. Ces droits sont cédés pour la même durée que les droits papier et la majorité des contrats intègrent aujourd'hui une clause de réexamen des modalités de la rémunération.*

Mais aussi, ils souhaitent absolument nous en persuader : *au moment où l'offre légale se développe, tous les acteurs de la chaîne du livre doivent être solidaires. Les investissements sont lourds et la rentabilité très faible dans ce marché émergent.*

Je ne me sens nullement solidaire de ces installés et de leur marché étudié pour contraindre en douceur les écrivains à se soumettre ou se marginaliser. La réalisation de mon catalogue numérique s'effectue sans subvention.

Dans le même livre je notais :
Même la gratuité des versions numériques des classiques semble scandaleuse dans le microcosme du livre, « *il ne faut pas que ces livres deviennent gratuits. On pourrait imaginer une prolongation du paiement du droit d'auteur et que ces revenus reviennent à une sorte de caisse centrale des écrivains.* » (Régis Jauffret, écrivain, lors d'un débat sur le livre numérique organisé par le « *conseil permanent des écrivains* », en mai 2009)

L'annexe 1 aux statuts du *Conseil Permanent des écrivains*, modifiés par l'Assemblée Générale Extraordinaire du 22 juin 2004, stipule :

Membres Actifs :
- Association des écrivains de langue française (ADELF), 14, rue Broussais, Paris 14e
- Association d'information et de défense des auteurs (COSE-CALCRE), B.P. 17, 94400 Vitry sur Seine
- Association des traducteurs littéraires de France (ATLF), 99, rue de Vaugirard, Paris 6e
- La Charte des auteurs et des illustrateurs

jeunesse, Hôtel de Massa, 38, rue du Faubourg-Saint-Jacques, Paris 14e
- Société des auteurs et compositeurs dramatiques (SACD), 11 bis, rue Ballu, 75442 Paris Cedex 09
- Société des auteurs, compositeurs et éditeurs de musique (SACEM), 225, avenue Charles-de-Gaulle 92591 Neuilly sur Seine Cedex
- Société des gens de lettres de France (SGDLF), Hôtel de Massa, 38, rue du Faubourg Saint-Jacques, Paris 14e
- Syndicat des écrivains de langue française (SELF), 36, avenue Henri Barbusse, 94200 Ivry sur Seine
- Syndicat national des auteurs et compositeurs (SNAC), 80, rue Taitbout, 75442 Paris Cedex 09
- Union des écrivains, 136, rue du Chevaleret, Paris 13e
- Union guilde des scénaristes (UGS), 14, rue Alexandre Parodi, Paris 10e
- Union nationale des peintres illustrateurs (UNPI), 11, rue Berryer, Paris 8e
http://www.conseilpermanentdesecrivains.org/Mentions_legales.htm

Mail il existe une page "Les membres du CPE", avec seize emplacements mais quinze noms.
Où l'on ne retrouve pas les douze membres actifs précédents !
Exit ADELF, SELF et UGS.

Où se sont greffés :

- Eat (écrivains associés du théâtre)
- Société des auteurs des arts visuels et de l'image fixe (Saif)
- Union des Photographes Professionnels (UPP)
- ADAGP, Société des Auteurs dans les Arts Graphiques et Plastiques
- Société civile des auteurs multimedia (Scam)
- P.E.N. Club français, spécifié « *l'un des centres du P.E.N. Club International, association d'écrivains internationale, apolitique et non gouvernementale, fondée en 1921 par Catherine Amy Dawson Scott avec l'appui de John Galsworthy. Elle a pour but de "rassembler des écrivains de tous pays attachés aux valeurs de paix, de tolérance et de liberté sans lesquelles la création devient impossible"* ».

http://www.conseilpermanentdesecrivains.org/Accueil-membres.htm

Quant au communiqué du 8 mars 2013 il spécifié « *Le Conseil Permanent des Écrivains réunit dix-sept associations d'auteurs regroupant au total plusieurs dizaines de milliers d'auteurs de l'écrit, parmi lesquels l'ATLF, la Charte des auteurs et illustrateurs jeunesse, la SCAM, la SGDL, le SNAC, etc. Le CPE défend le droit d'auteur et les droits des auteurs de l'écrit (texte et illustration, théâtre et audiovisuel).* »

http://www.conseilpermanentdesecrivains.org/Communique_presse_8mars2013.htm

Donc, le même jour, où j'effectue les copies d'écrans, 18 mars 2013, il existe au CPE 12 membres Actifs, dont trois ont disparu des 15 membres présentés sur leur site et le communiqué de presse dénombre 17 associations d'auteurs. Les exemples figurent tous dans les membres.

Il convient de préciser que naturellement la sacem, par exemple, n'est pas une association mais une société organisée en oligarchie où moins de 5 000 membres contrôlent la société qui en compte plus de 140 000. Membre "de base" de la sacem, je devrais me sentir représenté ? Pourquoi ce "*plusieurs dizaines de milliers d'auteurs de l'écrit*" ? Car pour la sacem ne sont comptabilisés que les oligarques ? Qui représente la sacem au sein de cet organisme ? Le CPE répond également bien à la notion d'oligarchie développée sur oligarchie.fr

Et attention car cet accord « *rédigé sous l'égide du Ministère de la Culture aura vocation à s'appliquer à l'ensemble des auteurs et des éditeurs.* »

Qui plus est « *Ces dispositions, qui ne portaient au début des discussions que sur la cession des droits numériques, ont été élargies à l'univers imprimé.* »

Certes, pour les auteurs inféodés aux éditeurs, tout n'est pas mauvais ! Mais le problème est bien que cet accord vise à maintenir les auteurs dans le système des éditeurs alors que la période de révolution numérique devrait permettre aux créateurs de se libérer des commerciaux.

On peut juger positifs (mais assez anecdotiques) :
- *Afin de clarifier le contrat, il sera désormais obligatoire d'y prévoir une partie distincte regroupant toutes les dispositions concernant l'exploitation numérique de l'oeuvre.*
- *De la même façon qu'il existe un bon à tirer pour un ouvrage imprimé, les conditions de signature par l'auteur d'un bon à diffuser numérique ont été définies.*

Des auteurs pourront se réjouir de :
- *Les critères permettant d'apprécier l'obligation d'exploitation permanente et suivie de l'éditeur dans l'imprimé ont été clairement définis. Le non respect de cette obligation permettra à l'auteur de récupérer ses droits sur l'imprimé.*
- *Des délais de publication d'une oeuvre sous forme numérique ont été instaurés, ainsi que les critères permettant d'en apprécier l'obligation d'exploitation permanente et suivie par l'éditeur. Le non respect de ces obligations permettra à l'auteur de récupérer ses droits sur le numérique.*
- *L'assiette de rémunération de l'auteur a été élargie pour tenir compte des nouveaux modèles économiques liés au numérique.*
- *Une clause obligatoire au contrat permettra*

à l'auteur ou à l'éditeur d'en renégocier les termes économiques avant son échéance.
- En l'absence de tout résultat d'exploitation de son ouvrage, imprimé ou numérique, dans un délai prévu par la loi, l'auteur pourra résilier de plein droit l'ensemble du contrat.

Quant à *"L'éditeur sera tenu de rendre compte à l'auteur au moins une fois par an pendant toute la durée du contrat. Les éléments devant figurer dans cette reddition de comptes ont été précisés et complétés. Le non respect de cette obligation permettra à l'auteur de résilier de plein droit l'ensemble du contrat "* : dans un système sans investissement réel (impression, cartons, camions...) où les flux financiers remontent rapidement à l'éditeur, cette nécessité d'attendre un an pour obtenir des chiffres (même pas le paiement) est totalement anachronique. Editeur vraiment indépendant, je bénéficie de chiffres quotidiens.

La déclaration, dans ce communiqué, de Marie Sellier, présidente de ce CPE semble significative de l'esprit de texte : « *Je crois que tous les auteurs, qu'ils soient écrivains, traducteurs, poètes, scénaristes de bandes dessinées, illustrateurs ou photographes, peuvent aujourd'hui se réjouir de cet accord qui ouvre, avec nos partenaires éditeurs, une nouvelle page de relations basées sur le respect et la confiance mutuels. Je souhaite que le dialogue se poursuive pour qu'ensemble nous continuions à accompagner au mieux les mutations de l'édition à l'heure du numérique tout en soutenant la création.* »

"Vos partenaires éditeurs" madame la présidente du Conseil Permanent des Ecrivains, ne sont pas forcément ce que souhaitent les écrivains. Vive la liberté des écrivains !
Oui, il existe bien un système de l'édition française dans lequel les patrons ont trouvé des "partenaires" disposés à sanctifier leurs positions contre un peu, un peu plus, de miettes, et des honneurs.
Mais toujours dans l'esprit de dépendance. Dépendance / indépendance. Soumis / travailleurs indépendants. Mais la pression économique des dominants écrasera qui ose l'indépendance.

De vrais problèmes cachés aux lectrices et lecteurs...

Derrière le nuage de fumées du grand salon du livre et de l'accord "historique", les réalités restent difficiles à faire connaître ! Pour l'instant, malgré plusieurs textes sur le sujet, rien, absolument rien ne bouge. Et je m'enlise ! Donc, au cas où ce livre connaîtra meilleur sort... Je reprends des analyses sur la copie privée, le droit de prêt en bibliothèque, les bourses d'écrivains.

La SOFIA : elle gère un vrai problème !

Quand deux journalistes du *Monde* ont interrogé fin 2012 une députée socialiste de Moselle donnée favorite pour le poste de Ministre de la Culture, Aurélie F. y déclara « *face aux révolutions technologiques, la gauche a toujours su répondre en défendant les droits des auteurs – loi Lang sur le prix unique du livre, loi sur la copie privée...* »

La loi Lang sur le prix unique du livre et celle sur la copie privée, il faudrait arrêter de ne pas oser les critiquer ! La loi Lang n'a permis qu'aux industriels de l'édition de contrôler un marché duquel les indépendants furent exclus et même des « grandes maisons » n'eurent d'autre choix que de se vendre aux mastodontes. Quant à la loi sur la copie privée, elle est l'une des plus honteuses de la République, excluant les indépendants de toute part du gâteau.

La Sofia est le gestionnaire du droit de prêt en bibliothèque et celui de la manne de la copie privée.

Qui a lu "*Copie privée, droit de prêt en bibliothèque : vous payez, nous ne touchons pas un centime*" ? Presque personne. Ventes dérisoires.

Extraits :

La répartition de la rémunération pour copie privée

La rémunération est perçue puis répartie entre les ayants droit par les sociétés de perception et de répartition des droits (SPRD).

Dans le cadre de la rémunération pour copie privée, les SPRD se sont regroupées en quatre sociétés en fonction du type d'oeuvres concernées : Sorecop, Copie France, Sorimage et Sofia. Puis chaque société répartit entre ses sociétaires le montant de la RCP leur correspondant « à raison des reproductions privées dont chaque oeuvre fait l'objet ».

Une clé de répartition est établie à l'article L. 311-7 du CPI entre les ayants droit en fonction du type d'objet protégé.

Pour les oeuvres de l'écrit et de l'image fixées sur un support d'enregistrement numérique, la rémunération est répartie à part égale entre les auteurs et les éditeurs.

« *La Sofia, Société Française des Intérêts des Auteurs de l'écrit, est une société civile de perception et de répartition de droits, administrée à parité par les auteurs et les éditeurs dans le domaine exclusif du Livre.*
Seule société agréée par le ministre chargé de la Culture pour la gestion du droit de prêt en bibliothèque, la Sofia perçoit et répartit le droit de prêt en bibliothèque. Elle perçoit et répartit également, à titre principal, la part du livre de la rémunération pour copie privée numérique. »

Copie privée et gestion du droit de prêt en bibliothèque, même adresse, même combat, donc.

Les auteurs peuvent adhérer à la Sofia :
« *Pour percevoir les droits gérés par Sofia dans les conditions les plus favorables,*
- Pour recevoir régulièrement une information utile sur toutes les évolutions concernant le droit d'auteur et les actions conduites en votre faveur auprès des pouvoirs publics,

- Pour faire entendre votre voix dans la seule société qui réunisse à parité auteurs et éditeurs et qui prenne des initiatives communes au plan politique et juridique pour la défense de vos droits. »

Contre un chèque de 38 euros l'auteur obtiendra une part sociale. Mais il doit avoir publié à compte d'éditeur...
Quant aux éditeurs ils doivent présenter des contrats d'édition pour adhérer. Ce qui semble exclure "en douceur" la catégorie des auteurs-éditeurs indépendants ! Exit la profession libérale !

La Société Française des Intérêt des Auteurs de l'écrit (SOFIA) fut créée en février 2000 par le SNE et la SGDL (Société des gens de lettres de France... gens de lettres obligatoirement passés par un contrat à compte d'éditeur).

Interrogée (je m'étais d'abord intéressé aux droits de prêts), naturellement la Sofia confirme

Le 3 juillet 2012 :

Bonjour,
Je vous confirme que les livres autoédités n'entrent dans le cadre du droit de prêt.
Ils ne sont pas déclarés par les bibliothèques et donc pas rémunérés.
Le contrat d'édition est indispensable.

Je vous précise qu'à ce jour seuls les livres en version papier sont pris en compte.

Cordialement,

Réponse au message du 20 juin 2012 :

Bonjour,

Auteur-éditeur professionnel (numéro Siret, charges Urssaf, Rsi, BNC...), je ne touche actuellement aucun "droit de prêt."

Merci de m'indiquer de quelle manière je peux y prétendre (14 livres en papier et une soixantaine en numérique)

Naturellement, Auteur-éditeur, je ne signe pas de contrats d'édition.

Une phrase m'inquiète
"*Tous les éditeurs cessionnaires de droits d'exploitation d'oeuvres peuvent adhérer à Sofia sur justification de l'existence de contrats d'édition.*
http://www.la-sofia.org/sofia/editeurs-de-livres.jsp "
Elle semblerait signifier que les indépendants sont exclus de la gestion du droit de prêt.

Est-ce le cas ?

Amitiés

Stéphane Ternoise - www.ecrivain.pro

L'existence de ce droit de prêt en France est une conséquence de la directive européenne n°92/100 du Conseil du 19 novembre 1992, relative au droit de location et de prêt. Elle reconnaît, dans son article 1er, le droit d'autoriser ou d'interdire le prêt d'originaux ou de copies.

La loi du 18 juin 2003 l'a organisé en France en créant un droit à rémunération pour l'auteur au titre du prêt de ses livres dans les bibliothèques. Cette licence légale garantissait aux bibliothèques le « droit de prêter ». Les livres des écrivains indépendants furent donc exclus de la loi ! Comme si certains souhaitaient qu'ils n'entrent pas en bibliothèque...

Adopté à l'unanimité par le Sénat le 8 octobre 2002, le projet de loi relatif au droit de prêt vint ensuite en première lecture à l'Assemblée Nationale le 2 avril 2003 et le Parlement l'adopta le 18 juin 2003.
L'auteur perdait son droit d'autoriser ou d'interdire le prêt des exemplaires de son œuvre... contre une rémunération compensatoire qu'il partage à parts égales avec son cher éditeur... L'auteur, s'entend celui dans le système de l'édition traditionnelle.

L'exclusion des indépendants figure dans le code de la propriété intellectuelle ! Grande démocratie que la France ! Chapitre 3 du livre premier du code de la propriété intellectuelle.

Article L133-1

« *Créé par Loi n°2003-517 du 18 juin 2003 - art. 1 Journal Officiel du 19 juin 2003, en vigueur le 1er août 2003.*

Lorsqu'une oeuvre a fait l'objet d'un contrat d'édition en vue de sa publication et de sa diffusion sous forme de livre, l'auteur ne peut s'opposer au prêt d'exemplaires de cette édition par une bibliothèque accueillant du public.

Ce prêt ouvre droit à rémunération au profit de l'auteur selon les modalités prévues à l'article L. 133-4. »

Petit phrase suffisante : « *Lorsqu'une oeuvre a fait l'objet d'un contrat d'édition* ». Un écrivain, auteur-éditeur, ne se signe pas de contrat d'édition : travailleur indépendant, il assume ses charges avec ses recettes. Auteur-éditeur, une profession libérale (pour connaître ce statut juridique, lire : *"Auto-édition autopublication : faire soi-même, être auteur-éditeur"* de Jean-Luc Petit). Bientôt 10 ans que cet article existe.

Article L133-4

« *Modifié par LOI n°2009-526 du 12 mai 2009 - art. 45 (V)*

La rémunération au titre du prêt en bibliothèque est répartie dans les conditions suivantes :

1° Une première part est répartie à parts égales entre les auteurs et leurs éditeurs à raison du nombre d'exemplaires des livres achetés chaque année, pour leurs bibliothèques accueillant du public pour le prêt, par les personnes morales mentionnées au troisième alinéa (2°) de l'article 3 de la loi n° 81-766 du 10 août 1981 précitée, déterminé sur la base des informations que ces personnes et leurs fournisseurs communiquent à la ou aux sociétés mentionnées à l'article L. 133-2 ;

2° Une seconde part, qui ne peut excéder la moitié du total, est affectée à la prise en charge d'une fraction des cotisations dues au titre de la retraite complémentaire par les personnes visées aux troisième et quatrième alinéas de l'article L. 382-12 du code de la sécurité sociale. »

Quant à l'Article L133-2

« Créé par Loi n°2003-517 du 18 juin 2003 - art. 1 JORF 19 juin 2003 en vigueur le 1er août 2003

La rémunération prévue par l'article L. 133-1 est perçue par une ou plusieurs des sociétés de perception et de répartition des droits régies par le titre II du livre III et agréées à cet effet par le ministre chargé de la culture.

L'agrément prévu au premier alinéa est délivré en considération :

- *de la diversité des associés ;*
- *de la qualification professionnelle des dirigeants ;*
- *des moyens que la société propose de mettre en oeuvre pour assurer la perception et la répartition de la rémunération au titre du prêt en bibliothèque ;*
- *de la représentation équitable des auteurs et des éditeurs parmi ses associés et au sein de ses organes dirigeants.*

Un décret en Conseil d'Etat fixe les conditions de délivrance et de retrait de cet agrément. »

Il est intéressant de rapprocher cet article avec celui de la loi 2012-287 du 1er mars 2012, organisant « une nouvelle » société de perception de droits pour les « oeuvres indisponibles » du vingtième siècle. Toujours des garanties mais dans la réalité... D'ailleurs la Sofia sera peut-être candidate pour gérer ces « oeuvres indisponibles »... Lire sur le sujet « *Écrivains, réveillez-vous ! - La loi 2012-287 du 1er mars 2012 et autres somnifères* » du même auteur...

Quant à l'Article L133-3

« *La rémunération prévue au second alinéa de l'article L. 133-1 comprend deux parts.*

La première part, à la charge de l'Etat, est assise sur une contribution forfaitaire par usager inscrit dans les bibliothèques accueillant du public pour le prêt, à l'exception des bibliothèques scolaires. Un décret fixe le montant de cette contribution, qui peut être différent pour les bibliothèques des établissements d'enseignement supérieur, ainsi que les modalités de détermination du nombre d'usagers inscrits à prendre en compte pour le calcul de cette part.

La seconde part est assise sur le prix public de vente hors taxes des livres achetés, pour leurs bibliothèques accueillant du public pour le prêt, par les personnes morales mentionnées au troisième alinéa (2°) de l'article 3 de la loi n° 81-766 du 10 août 1981 relative au prix du livre ; elle est versée par les fournisseurs qui réalisent ces ventes. Le taux de cette rémunération est de 6 % du prix public de vente. »

Actuellement l'État verse une rémunération forfaitaire de 1,50 € par inscrit en bibliothèque publique et 1€ par inscrit pour les bibliothèques universitaires (les usagers des bibliothèques scolaires n'entrent pas dans le calcul). La contribution de l'État est d'environ 11 millions d'euros par an.

La perception a débuté en décembre 2005. Outre les contributions de l'État, la Sofia a perçu la rémunération auprès des librairies, au taux de 3 pour cent pour la période allant du 1er août 2003 au 31 juillet 2004 (hors

marchés publics en cours) et de 6 pour cent du prix public hors taxe de chaque livre vendu à une bibliothèque de prêt du 1er août 2004 au 31 décembre 2004 (tous achats confondus).
La première distribution fut réalisée avec les rémunérations perçues au titre de l'exercice 2003-2004 et mises en répartition à l'été 2007. Pour les sommes collectées au titre des années 2003-2004 et 2005, des règles de répartition temporaires furent adoptées par l'Assemblée Générale de Sofia, le 26 avril 2007, visant à favoriser la distribution la plus rapide possible des droits vers l'ensemble des auteurs et des éditeurs intéressés.

11 241 auteurs ont touché lors la première répartition, 351 entre 1000 et 10 781 euros, 2010 entre 150 et 999 euros.
La part des auteurs étrangers, qui s'élevait à 674 279 euros demeura en compte et attendait des accords avec des sociétés d'auteurs. « *Les éditeurs qui sont en relation direct avec les auteurs étrangers peuvent également demander à Sofia de répartir ces rémunérations dès lors qu'ils sont en relation directe avec l'auteur ou son agent.* »

Le total des éditeurs bénéficiaires pour la répartition 2003-2004 fut de 1489. 16 ont reçu de 108 692 à 507 260 euros.

Il ne s'agit donc pas de sommes anodines et

c'est aussi avec cet argent que les éditeurs peuvent tenir les écrivains dans leurs écuries. Les parlementaires en excluant ainsi les indépendants, ont-ils respecté le principe d'égalité entre les citoyens ? Est-ce aux parlementaires de décréter, en soutenant leur commerce, qu'un écrivain doit passer par un éditeur traditionnel ?

Copie privée, droit de prêt en bibliothèque : vous payez, nous ne touchons pas un centime - Quand la France organise la marginalisation des écrivains indépendants de Stéphane Ternoise.
26 août 2012

Les bourses aux auteurs

La politique de la France amène les créateurs à devoir quémander des aides, car elle organise le marché au profit des intermédiaires. Exclure une profession de ces aides, c'est la condamner.

La loi française permet à un écrivain d'être son propre éditeur, une profession libérale, auteur-éditeur. Il paye ses cotisations URSSAF, RSI mais quand le conseil régional alloue des bourses de 8200 ou 8000 euros, il en exclut d'une petite phrase l'indépendant en exigeant « *l'auteur doit avoir publié au moins un livre à compte d'éditeur (sous forme imprimée)* »

"*Contrairement à Gérard Depardieu, dois-je quitter la France ? Exil littéraire au Burkina Faso pour les écrivains ?*" expose ce problème avec la réponse officielle de monsieur Martin Malvy, président du Conseil régional depuis 1998.

Le salon du livre de Paris est-il un échec masqué en réussite populaire ?

Malgré un exceptionnel battage médiatique...

Environ 200 000 visiteurs (vous préférez lectrices et lecteurs ?) s'y rendront.
Soit une moyenne de 50 000 par jour. Naturellement un pic de fréquentation le dimanche ? Enorme, oui. Surtout avec une entrée à 10 euros.

Mais, après le salon 2010, un article sérieux, signé Alain Beuve-Méry et Christine Rousseau dans *Le Monde*, notait « *environ 190 000 entrées, dont un cinquième payantes.* »

Aucune raison qu'en 2013 le taux de payantes soit plus important (même si, depuis 2012, il semble plus difficile aux "écrivains sans actualité" d'obtenir cette entrée gratuite).

Donc 40 000 entrées payantes en 4 jours.

Selon l'AFP 2 000 écrivains seront disposés à dédicacer leurs oeuvres (ou donner un autographe ?) : 20 visiteurs payants par auteur. Soit 5 par jour par auteur.
Ramené au nombre d'entrées payantes par auteurs qui acceptent de travailler bénévolement, ce salon draine cinq visiteurs

par jour ! Ratio cruel ! Un non événement ! Sauf pour sa capacité à faire venir 2000 auteurs sans les payer ! (certains sont payés ? je suis resté à la version des auteurs qui accordent leur temps gratuitement, et c'est un tort !)

Selon *Le Parisien*, en 2010, Olivier Nora, des Editions Grasset et Fayard, aurait déclaré sur France-Inter « *Le salon s'est fossilisé* ».

Dans le "*Rapport d'activité & Rapport financier 2011*" présenté par M. Martin Malvy président de la Région Midi-Pyrénées :
« *A partir de cette année, la décision a été prise en concertation avec la Région Midi-Pyrénées de ne pas avoir de stand collectif régional au Salon du Livre de Paris : coûts trop élevés, bilans très contrastés des éditeurs, avenir incertain du Salon.* »

Avec leurs 10 euros, les 40 000 lectrices et lecteurs disposés à les donner à ce salon, pourraient acheter plusieurs de mes livres... en numérique... s'ils en connaissaient l'existence !...

Mais faute de battage médiatique même 100 fois moindre que pour ce salon du livre...

Je suis pauvre et ils sont riches. Je sais. j'essaye de vivre debout ma vie d'écrivain. Impossible en France ?

L'interdiction de l'auto-édition serait plus simple, madame Filippetti !

Mon combat est perdu d'avance ou réussirai-je à imposer ma voie, faire entendre ma voix ? Est-il possible aujourd'hui d'être écrivain indépendant en France ?
Madame Aurélie Filippetti, puisque vous soutenez tellement les installés, partagez leurs craintes, souhaitez les protéger contre Amazon, demandez donc au parlement d'interdire l'auto-édition ! Tout livre devra recevoir le sceau d'un éditeur accrédité par la reine, oh excusez ma plume, rayez ce « par la reine », nous vivons en oligarchie, oh zut, encore un terme à biffer car nous vivons en démocratie, un éditeur accrédité par le SNE, Syndicat National de l'Edition. D'ailleurs, le SNE, est déjà le « Syndicat National de l'Edition » alors qu'en réalité il ne peut prétendre qu'au titre de « Syndicat National des éditeurs traditionnels. » (vous comprenez la nuance, madame la ministre ? l'édition, en bon français, ce serait également l'auto-édition...)

Un écrivain doit se soumettre aux éditeurs traditionnels et s'il veut rester indépendant, qu'il crève ? Ou parte au Burkina Faso ? Non, la Russie ne me tente pas... je suis francophone !
Là-bas, avec mes revenus numériques, je

pourrai vivre ! Parce que j'ai abandonné tout espoir au sujet du livre en papier...

Extrait de *Contrairement à Gérard Depardieu, dois-je quitter la France ? Exil littéraire au Burkina Faso pour les écrivains ?*

Mon actualité du vendredi 22 au lundi 25 mars 2013

Si c'est possible, je publierai chaque jour un livre numérique !
Je suis indépendant, totalement. J'envisage donc l'hypothèse que ce programme soit interrompu pour une raison naturellement indépendante de ma volonté.
Ces livres apparaîtront sur une page spéciale de http://www.utopie.pro
Encore une utopie, celle de faire de l'ombre au salon du livre de Paris !

Quant au salon du livre de Paris, si je devais en écrire le roman de 2013, la seule question intéressante : Aurélie sera-t-elle entartée ? Mais j'ai d'autres livres à terminer !

La charte de qualité de l'auteur indépendant

Il n'est même pas besoin d'exhiber quelques textes inutiles auto-édités pour dénigrer l'auto-édition, pratique accusée de mettre sur le marché les pires médiocrités agrémentées des fautes les plus élémentaires d'orthographe ou grammaire, parfois même avec un style d'élève en difficulté du CM1.

Il s'avère néanmoins sûrement exact que les livres vraiment auto-édités dans une démarche professionnelle (mon exclusion de "l'auto-édition réelle" des auteurs qui ne respectent pas un minimum la littérature a toujours dérangé les prétendues belles âmes du secteur pour qui « tout est littérature ») contiennent en moyenne plus de fautes que les livres des éditeurs "traditionnels".
Il ne s'agit pas forcément d'une question de qualité des auteurs mais de moyens. Même le passage par les correcteurs et correctrices professionnels ne permet pas de présenter des œuvres sans erreurs, qu'avant on appelait d'imprimerie. Mais depuis que l'imprimeur reprend un document PDF pour lancer l'impression, les éditeurs qui utilisent encore cet argument semblent miser sur la méconnaissance du grand public.
Monsieur Antoine Gallimard n'a pourtant pas de leçons de qualité à nous donner : la

communauté des pirates du livre numérique s'était amusée à corriger l'ebook d'Alexi Jenni, *l'art français de la guerre*, prix Goncourt 2011. Après l'hypothèse de l'utilisation du document PDF imprimeur, mouliné par un logiciel de reconnaissance graphique pour fabriquer la version numérique, des lecteurs de la version papier ont informé le web que ces coquilles se trouvaient également dans leur épais bouquin. La faculté de corriger rapidement sur l'ensemble du circuit de distribution un ebook constitue un avantage dont la portée ne semble guère avoir été analysée. Dans cette optique, j'ai décidé de récompenser les lectrices et lecteurs qui ne se contentent pas d'une moue de déception face aux erreurs mais les communiquent, en leur offrant un livre de leur choix du catalogue, trois formats disponibles (epub, pdf, amazon). Aucun livre en papier offert ! Seule restriction, pour une question de taille des fichiers et vitesse de connexion à Internet d'un écrivain vivant à la campagne, ne pourront être envoyés que des ebooks dont la taille n'excédera pas cinq mégas, ce qui exclut les livres de photos (sauf ceux dont le PDF reste juste en dessous de la limite possible).

Naturellement, il ne vous faut pas réclamer ce livre ni envoyer les fautes constatées (réelles ! et non les choix comme mettre au pluriel un terme habituellement invariable ou reprendre une lettre d'un personnage dont les fautes d'orthographe constituent justement une caractéristique, ou même une libre violation des temps conseillés de conjugaison !) sur la plateforme d'achat mais à la page contact de www.ecrivain.pro en spécifiant le livre de votre choix, qui vous sera envoyé par mail après vérification des informations transmises.

Fautes réelles découvertes : un livre offert, l'engagement qualité de l'auto-édition.

Cette offre s'étend à l'ensemble de mon catalogue.

Canards du Quercy

Stéphane Ternoise

Stéphane Ternoise est né en 1968. Il publie depuis 1991. Il est depuis son premier livre éditeur indépendant.

Dès 2004, il a proposé des livres numériques, en PDF. Mais c'est en 2011 seulement que les ventes dématérialisées ont démarré. Son catalogue numérique (depuis mi 2011 distribué par Immateriel) a ainsi rapidement dépassé celui du papier, grâce à des essais, des livres de photos... tout en continuant la lente écriture dans les domaines du théâtre et du roman. Depuis octobre 2013, et son « identifiant fiscal aux États-Unis », son catalogue papier tend à rattraper celui en pixels.
http://www.livrepapier.com ou
http://www.livrepixels.com

Il convient donc, de nouveau, d'aborder l'auteur sous le biais de l'œuvre. Ainsi, pour vous y retrouver, http://www.ecrivain.pro essaye de fournir une vue globale. Et chaque domaine bénéficie de sites au nom approprié :
http://www.romancier.net
http://www.dramaturge.net
http://www.essayiste.net

http://www.lotois.fr

Vous pouvez légitimement vous demander pourquoi un auteur avec un tel catalogue ne bénéficie d'aucune visibilité dans les médias traditionnels. L'écriture est une chose, se faire des amis utiles une autre !

Catalogue (le plus souvent en papier et numérique, parfois uniquement les pixels, le travail de mise en page papier demandant plus de temps que d'heures disponibles)

Romans : (http://www.romancier.net)
Le Roman de la révolution numérique.
Ils ne sont pas intervenus (le livre des conséquences) également en version numérique sous le titre *Peut-être un roman autobiographique*
La Faute à Souchon ? également sous le titre *Le roman du show-biz et de la sagesse (Même les dolmens se brisent)*
Liberté, j'ignorais tant de Toi également sous le titre Libertés d'avant l'an 2000)
Viré, viré, viré, même viré du Rmi
Quand les familles sans toit sont entrées dans les maisons fermées

Théâtre : (http://www.theatre.wf)
Théâtre pour femmes
Théâtre peut-être complet
La baguette magique et les philosophes
Quatre ou cinq femmes attendent la star
Avant les élections présidentielles
Les secrets de maître Pierre, notaire de campagne
Deux sœurs et un contrôle fiscal

Ça magouille aux assurances
Pourquoi est-il venu ?
Amour, sud et chansons
Blaise Pascal serait webmaster
Aventures d'écrivains régionaux
Trois femmes et un amour
La fille aux 200 doudous et autres pièces de théâtre pour enfants
« Révélations » sur « les apparitions d'Astaffort »
Brel / Cabrel (les secrets de la grotte Mariette)

Photos : (http://www.france.wf)
Montcuq, le village lotois
Cahors, des pierres et des hommes. Photos et commentaires
Limogne-en-Quercy Calvignac la route des dolmens et gariottes
Saint-Cirq-Lapopie, le plus beau village de France ?
Saillac village du Lot
Limogne-en-Quercy cinq monuments historiques cinq dolmens
Beauregard, Dolmens Gariottes Château de Marsa et autres merveilles lotoises
Villeneuve-sur-Lot, des monuments historiques, un salon du livre... -Photos, histoires et opinions
Henri Martin du musée Henri-Martin de Cahors - Avec visite de Labastide-du-Vert et Saint-Cirq-Lapopie sur les traces du peintre
L'église romane de Rouillac à Montcuq et sa voisine oubliée, à découvrir - Les fresques de Rouillac, Touffailles et Saint-Félix

Livres d'artiste (http://www.quercy.pro)
Quercy : l'harmonie du hasard
Lot, livre d'art
Jésus, du Quercy
Les pommes de décembre
La beauté des éoliennes

Essais : (http://www.essayiste.net)
Le manifeste de l'auto-édition - Manifeste politico-littéraire pour la reconnaissance des écrivains indépendants et une saine concurrence entre les différentes formes d'édition
Écrivains, réveillez-vous ? - La loi 2012-287 du 1er mars 2012 et autres somnifères
Le livre numérique, fils de l'auto-édition
Aurélie Filippetti, Antoine Gallimard et les subventions contre l'auto-édition - Les coulisses de l'édition française révélées aux lectrices, lecteurs et jeunes écrivains
Réponses à monsieur Frédéric Beigbeder au sujet du Livre Numérique (Écrivains= moutons tondus ?)
Comment devenir écrivain ? Être écrivain ? (Écrire est-ce un vrai métier ? Une vocation ? Quelle formation ?...)
Amour - état du sentiment et perspectives

Le guide de l'auto-édition numérique en France (Publier et vendre des ebooks en autopublication)
Copie privée, droit de prêt en bibliothèque : vous payez, nous ne touchons pas un centime - Quand la France organise la marginalisation des écrivains indépendants

Chansons : (http://www.parolier.info)
Chansons trop éloignées des normes industrielles
Chansons vertes et autres textes engagés
Chansons d'avant l'an 2000
Parodies de chansons - De Renaud à Cabrel En passant par Cloclo et Jacques Brel

En chti : (http://www.chti.es)
Canchons et cafougnettes (Ternoise chti)
Elle tiote aux deux chints doudous (théâtre)

Politique : (http://www.commentaire.info)
Ce François Hollande qui peut encore gagner le 6 mai 2012 ne le mérite pas
Nicolas Sarkozy : sketchs et Parodies de chansons

Bernadette et Jacques Chirac vus du Lot - Chansons théâtre textes lotois
Affaire Ségolène Royal - Olivier Falorni Ce qu'il faut en retenir pour l'Histoire - Un écrivain engagé, un observateur indépendant
François Fillon, persuadé qu'il aurait battu François Hollande en 2012, qu'il le battra en 2017

Notre vie (http://www.morts.info)
La trahison des morts : les concessions à perpétuité discrètement récupérées - Cahors, à l'ombre des remparts médiévaux, les vieux morts doivent laisser la place aux jeunes...
Cahors : Adèle et Marie Borie contre Jean-Marc Vayssouze-Faure - Appel à une mobilisation locale et nationale pour sauver les soeurs Borie...

Jeux de société
http://www.lejeudespistescyclables.com
La France des pistes cyclables - Fabriquer un jeu de société pour enfants de 8 à 108 ans
Le bon chemin pour Saint-Jacques-de-Compostelle

Autres :
La disparition du père Noël et autres contes
J'écris aussi des sketchs
Vive les poules municipales... et les poulets municipaux - Réduire le volume des déchets alimentaires et manger des oeufs de qualité

Œuvres traduites :
La fille aux 200 doudous :
- *The Teddy (Bear) Whisperer* (Kate-Marie Glover)
- Das Mädchen mit den 200 Schmusetieren (Jeanne Meurtin)
- Le lion l'autruche et le renard :
- How the fox got his cunning (Kate-Marie Glover)

- Mertilou prépare l'été :
- The Blackbird's Secret (Kate-Marie Glover)

- La fille aux 200 doudous et autres pièces de théâtre pour enfants (les 6 pièces)
- La niña de los 200 peluches y otras obras de teatro para niños (María del Carmen Pulido Cortijo)

Table

- 7   Présentation
- 11   Que savez-vous de moi ? Presque rien !
- 13   Amazon, l'absence symbolique
- 19   Salon du livre de Paris, ce qu'il faut savoir
- 28   Un nouveau document magistral du SNE en 2013 ?
- 40   Aurélie Filippetti ou l'annonce déjà annoncée...
- 42   La question des accréditations
- 52   La polémique de 2010
- 55   Pourtant : salon du livre de Paris vu par le CRL de Martin Malvy
- 58   Les Assises du livre numérique au Salon du Livre de Paris...
- 63   Le compte d'auteur et le SNE
- 65   L'Accord SNE / CPE
- 77   De vrais problèmes cachés aux lectrices et lecteurs...
- 89   Les bourses aux auteurs
- 90   Le salon du livre de Paris est-il un échec masqué en réussite...
- 92   L'interdiction de l'auto-édition serait plus simple, Mme Filippetti !
- 94   Mon actualité du vendredi 22 au lundi 25 mars 2013
- 95   La charte de qualité de l'auteur indépendant
- 98   Auteur et catalogue

Mentions légales

Tous droits de traduction, de reproduction, d'utilisation, d'interprétation et d'adaptation réservés pour tous pays, pour toutes planètes, pour tous univers.

Site officiel : http://www.ecrivain.pro

Présentation des livres essentiels :
http://www.utopie.pro

Précision :
Contrairement à Gérard Depardieu, dois-je quitter la France ? Exil littéraire au Burkina Faso pour les écrivains ? - Les conséquences des politiques d'Aurélie Filippetti, Martin Malvy, Gérard Miquel, François Hollande et les autres fut publié le 13 mars 2013

Dépôt légal à la publication au format ebook du 20 mars 2013.

Imprimé par CreateSpace, An Amazon.com Company pour le compte de l'auteur-éditeur indépendant.
livrepapier.com

ISBN 978-2-36541-535-4
EAN 9782365415354
Le salon du livre de Paris 2013 : sans moi ! de Stéphane Ternoise
© Jean-Luc PETIT - BP 17 - 46800 Montcuq - France

www.ingramcontent.com/pod-product-compliance
Lightning Source LLC
Chambersburg PA
CBHW071721040426
42446CB00011B/2162